政治と経済はどうつながっているのか

政治経済学の基礎

羽田 翔

日本経済評論社

目　　次

III.　情報・データによる分析：実証分析

はじめに

　近年，政治・経済・政策の関係への関心が非常に高まっている．日本は経済成長の停滞，財政赤字拡大，少子高齢化問題など多くの問題を抱えている．世界でも米中貿易戦争，イギリスのEU離脱，環境問題の深刻化，新型コロナウイルス感染症の蔓延，ロシアによるウクライナ侵攻など多くの問題に直面している．いずれの問題も経済学が考える「最適な政策」は必ずしも導入されず，非効率な政策または政策決定自体が頓挫してしまう事例が多く見られる．このことは，経済学が政策決定のプロセスを考慮していないためである．つまり，政治と経済のつながりを考慮せずに政策的議論を行っているといえる．

　本書では公共経済学，公共選択論，公共政策論という3つの学問領域に触れることで，政治と経済のつながりについて理解することを目的としている．加えて，政治，行政，そして経済の中心を将来担う学部学生や大学院生に，選挙，汚職，社会保障といった政治および政策に関する「なぜ」という疑問を解消し，解決策を模索する力を養ってもらいたい．

　公共経済学は，「限りある資源をいかに効率的に投入し，最大限の結果を達成するのか」という経済学の考えを基礎にしており，主に市場では取引が困難な財・サービスの供給を対象としている学問領域である．教育，安全保障，環境問題への対応など，多くのものが該当する．市場がうまく機能している場合は政府の介入は不要であるが，市場取引が非効率となった場合は政府の介入が必要となる．また，市場では個々人が個人的利益を追求するために行動するが，公共部門は「社会全体」にとってよりよい状態を目指すことが前提とされている．そのための方法をまとめたものが，公共政策と考えられる．ここでは公共政策の施行のプロセスは考慮されていないため，政治と

viii

経済のつながりについて考えるためには，政策決定プロセスを分析の対象とする公共選択論を学ぶことが重要となる．

　公共選択論は，政策決定プロセスにおける政治や政府の失敗について，そのメカニズムを明らかにすることを目的とする学問である．例えば，有権者は投票を棄権したり，自身のことを最優先に考え投票したりすることがある．選挙において，候補者は当選を最大の目的とし，有権者にとって魅力的な公約を掲げることも考えられる．さらに，官僚は一般企業の社員と同様に，自身の昇給や昇進に全力を注ぐ可能性もある．このように，主な分析対象は政治的アクターであり，有権者，政治家，官僚などに合理的行動を仮定することで，政治や政府の失敗のメカニズムを解明している．このメカニズムは経済学の手法によって表現されている．公共経済学では社会全体にとって望ましい政策の必要性を分析の対象としているが，公共選択論は有権者，政治家，官僚などの政治的アクターは合理的行動をとるため，必ずしも望ましい政策が導入されるとは限らないという点を主張している．結果として，さまざまな政策が導入され，我々の生活に大きな変化をもたらすこととなる．

　公共政策論は，公共政策の必要性に加えて，「政府」が，「どのようにして」，「社会全体の」，「どのような問題」を解決するかといった問題を対象とする学問分野である．政策立案後の導入プロセスや，政策の効果についても分析対象とする．基本的には各国の政府が行う政策が対象だが，国際的な公共政策もその分析対象となっている．そのため，国家間や世界全体の諸問題についても議論が進められている．

　本書では，これら3つの学問領域について，最低限必要な内容を組み込むことで「政治と経済，または政治と政策がどのようにつながっているか」という問いに対して，一定の考えを提示することを試みている．

　本書は三部構成になっている．第Ⅰ部の第1章から第3章では「政府の役割と政策の施行」として，経済学の基本的な考え方や，公共選択論の必要性について示している．まず，第1章ではミクロ経済学の基礎が中心となっており，経済学における政府の存在やその役割について見ている．第2章では，

マクロ経済学の基礎が中心となっており，不況時における政府の対応や，政治と経済のつながりについて取り上げている．第3章では政治的アクターの行動を経済学の手法によって分析するとはどのようなことなのか，そして具体的にはどのような分析手法があるかについてまとめられている．政治的アクターの合理的行動によって，政治の失敗や政府の失敗が発生することで，最適な経済政策が導入されない可能性についても見ている．

　このように，第Ⅰ部は政治と経済を結びつけて考える必要性を示しているのに対して，第Ⅱ部では政治や政策決定プロセスがどのように経済に影響を与えるかについてまとめられている．

　本書の内容の中心となる「政治と経済のつながり」を確認したうえで詳細なテーマについて学習する場合は，第3章の内容から入ることも推奨される．その後は第1章，第2章，そして第4章以降を読み進めることが想定される．また，経済学に苦手意識がある場合は，第1章と第2章は参考程度とすることが望ましい．

　第Ⅱ部の第4章から第9章では「政治的アクターの行動：理論分析」として，有権者，政治家，官僚の合理的行動が理論モデルによって示されている．第4章では期待効用仮説によって「有権者はなぜ投票するのか」という問いに対する答えが提示されている．第5章では合理的投票モデルと確率的投票者モデルによって「有権者はどのように投票先を決定するのか」という問いに答えている．第6章では，政治家や選挙の立候補者は選挙での当選確率を最大化させることが合理的行動であるとし，選挙においてどのような公約を掲げるかについて取り上げられている．第7章では，レントシーキングや汚職について，そして政治体制によって政治家や立候補者の行動にはどのような違いがあるかについてまとめられている．第8章では，官僚の合理的行動について，政治家と官僚の関係からまとめられており，非効率な予算計画や非効率な政策の決定が発生するメカニズムについて考えている．最後に，第9章では国際的な合意形成に関して，環境問題と貿易政策を事例として，投票ルールや合意形成の難しさについてまとめられている．

　第 II 部の内容は，理論モデルによって政治的アクターの合理的行動を示すものであるが，第 III 部では政治的アクターの行動や，政治的アクターの行動の結果として現れる現象を統計データによって分析している．

　第 III 部の第 10 章から第 13 章では「情報・データによる分析：実証分析」として，統計データによる分析や，計量分析の必要性について示されている．第 10 章では，有権者の行動に関連して，投票率と内閣支持率の変遷や決定要因について取り上げている．第 11 章では，政治家や官僚の行動に関連して，政府の大きさを計測する手法が提示されている．第 12 章では，政治体制・ガバナンスの違いによって，汚職の発生などの問題や，通商政策への姿勢などにどのような違いがあるかについて見ている．第 13 章では，近年急速に発展し続けている計量分析の手法と，政策立案における因果推論の重要性についてまとめられている．

　本書では以上のように，政治と経済のつながりに関する多くの問題を，理論分析・実証分析という手法を用いることによって網羅的に取り上げている．それでも，政治と経済のつながりについて，すべての現象を捉えることはできていない．本書は，政治と経済のつながりを分析する手法や考え方を提供するものであり，これらをどのように現実の問題を解決させるために役立てるかは読者のみなさんにかかっている．そのような視点で本書が提供する分析手法や問題意識を吸収していただければ幸いである．

I. 政府の役割と政策の施行

第1章
市場の失敗と政府の対応

1. 市場取引

(1) 家計と企業

　経済学では，財・サービスの消費，生産，取引を経済活動とよび，これら
の経済活動をする単位を経済主体とよんでいる．経済主体には家計，企業，
政府が含まれる．ここでは，経済主体のうち，家計と企業について考えてみ
る．

　家計は労働を企業へ供給し，その対価として所得を得ることで財・サービ
スを消費している．このように，我々は一般的に企業などに勤め，そこで得
た所得を使って生活必需品や嗜好品などを購入し，消費している．我々は
財・サービスを購入し，財・サービスを消費したときに満足感を得るが，経
済学ではこの喜びや満足感のことを効用とよぶ．家計は効用を最大化するよ
うに行動すると仮定されている．

　企業は労働，資本，土地などの生産要素を投入することで生産活動を行い，
利潤の追求を目的として行動している．利潤は収入から生産のための費用を
差し引いたものであり，生産のための費用は生産要素の費用である．それぞ
れの企業は自社の生産技術や必要な生産要素を考慮して生産を行い，消費者
に対して財・サービスを供給している．

　家計と企業，どちらにとっても経済活動には制約が存在する．家計は財・
サービスを消費することで効用を最大化させるが，そこでは所得という制限

4

がある．家計は財・サービスを好きなだけ購入し，消費することで効用をいくらでも最大化できるが，一般的に所得は限られている．また，企業も利潤を最大化させるために生産量を調整するが，予算の制約があるため，限られた予算の中で利潤を最大化させることを考え行動する．このように，所得，生産要素，時間などの資源が限られていることを希少性とよぶ．

経済学においては，家計と企業はそれぞれの制約のもとで自らの目的を達成するために行動すると考えられている．そのとき，家計と企業はその目的を達成するために最も適した行動を取ると仮定されている．この仮定は合理的行動とよばれる．

次に，経済学において重要な概念として，トレードオフと機会費用がある．例えば，大学生はアルバイトをすることで勉強時間が少なくなってしまう．トレードオフとは，利用可能な資源は限られているため，ある経済活動を行うことで，その他の経済活動を行うための資源が少なくなってしまうことを意味する．また，アルバイトをせず映画鑑賞をした場合，映画鑑賞の機会費用はその日1日分のアルバイト代ということになる．機会費用は，ある経済活動を行うことで断念したものの価値である．経済学における費用の中には，生産などに直接かかった費用に加えて，この機会費用も含まれる点に注意する必要がある．

(2) 市場均衡

経済学における市場とは，財・サービスの買い手と売り手の集合体を意味する．例えば，我々はスーパーで買い物をしたり，インターネット上でさまざまな財・サービスを購入したりする．市場は大きく財・サービス市場と生産要素市場に分類される．財・サービス市場では，企業によって生産された財・サービスが家計と企業の間で取引される．生産要素市場では，家計は労働，土地，資本を提供し，企業から所得を得る．経済全体は2つの市場を通じて循環していることが理解できる．

財・サービス市場において，家計は所得の制約がある中で，ある財・サー

ビスの価格のもとで当該財・サービスの購入の有無や購入数を決定する．家計がある価格のもとで購入したいと考え，実際に購入可能な財・サービスの量を需要量とよぶ．他の条件が一定である場合，価格が低下することで需要量は増加すると仮定されており，需要の法則とよばれる．また，企業は市場価格と生産費用を参考に生産量を決定し，市場で販売する．企業がある価格のもとで販売したいと考え，実際に販売可能な財・サービスの量を供給量とよぶ．企業は販売価格が上昇することで供給量を増加させると仮定されており，供給の法則とよばれる．

　図1-1では，パンの市場における消費者AとBの個別需要曲線，企業CとDの個別供給曲線が描かれている．縦軸は価格，横軸は数量を意味し，市場に存在する消費者の個別需要曲線の合計が市場需要曲線，企業の個別供給曲線の合計が市場供給曲線となる．

　図1-2ではパン市場における均衡が描かれている．経済学では，一般的に

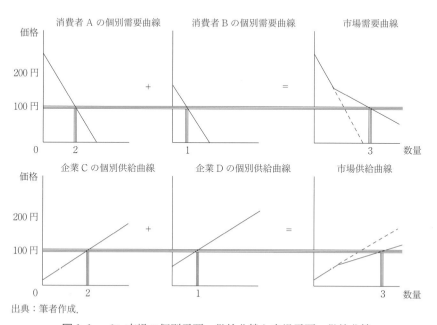

出典：筆者作成．

図 1-1　パン市場の個別需要・供給曲線と市場需要・供給曲線

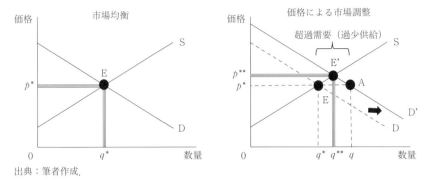

出典：筆者作成.

図1-2　パン市場における市場均衡と価格による市場調整

　需要量と供給量がつりあう（バランスが取れている）状態を均衡とよぶ．市場において，市場需要曲線（D線）と市場供給曲線（S線）の交点で取引価格と取引量が決定される．この交点を市場均衡（E点）とよび，このときの価格を均衡価格（p^*），取引量を均衡取引量（q^*）とよぶ.

　また，何らかの変化によって市場均衡が調整されるケースがある．例えば，消費者側の要因として，人々の所得が増加したり，パン食がブームになったりすることによって，パンの値段は同じでもより多くのパンが需要されるようになる．この場合，需要曲線は右へシフトし，新たな需要曲線（D'）となる．供給側の要因として，生産費用の低下などによって供給曲線が右へシフトするケースもあるが，ここでは需要曲線の右シフトを想定する．このとき，シフト前の均衡価格（p^*）のもとでは，需要量（q）よりも供給量（q^*）の方が少なく，超過需要（過少供給）が発生している．そのため，パン市場では品不足となり，価格が調整されることで新たな均衡が達成される．結果として，供給曲線（S）と新たな需要曲線（D'）の交点（E'点）で新たな均衡が達成され，新しい均衡価格（p^{**}）と均衡取引量（q^{**}）が決定される.

（3）　余剰分析

　市場均衡は何を意味するのか．経済学では，限られた資源が効率的に配分

されているか，つまり無駄なく有効に使われているかという視点で市場均衡
の意味が考えられている．この資源配分の効率性については，余剰という概
念で判断している．消費者にとっての利益を消費者余剰，生産者にとっての
利益を生産者余剰とよび，2つの余剰を合計したものを（社会的）総余剰
（経済厚生）とよぶ．この総余剰によって資源配分の効率性を考える．

　図1-3にはパン市場における消費者余剰，生産者余剰，総余剰の面積が示
されている．消費者余剰は縦の価格線，需要曲線，均衡点から価格線への水
平な線に囲まれた面積で示される．これは，市場に存在する各消費者がパン
に対して支払ってもよいと考える最大の金額（支払い準備）と均衡価格との
差を合計した面積であり，消費者にとっての利益となる．生産者余剰は縦の
価格線，供給曲線，均衡点から価格線への水平な線に囲まれた面積によって
示される．各企業に関しても，パン1個を販売するための金額を設定してお
り，その金額と均衡価格の差を合計した面積が生産者の利益となる．これら
の合計が総余剰となる．

　経済学では，ある条件下において，政府が関与しない自由な経済活動に
よってこの総余剰が最大化される．そのため，市場への政府の介入は正当化
されない．この，「ある条件」がなくなることで市場の取引がうまくいかず，
資源配分が非効率になったときに初めて政府の介入や政策的議論が行われる
こととなる．次節では，これらの条件や，市場の取引がうまくいかなくなる

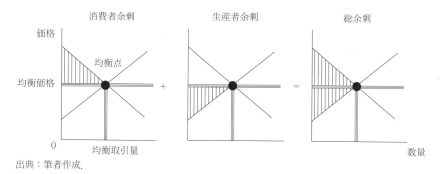

出典：筆者作成．

図1-3　パン市場における余剰分析

ケースについて考える.

2. 不完全競争と市場の失敗

(1) 完全競争市場

　前節における市場の均衡は，完全競争市場を仮定していた．完全競争市場は，①無数の経済主体，②価格受容者，③参入退出の自由，④同質財，⑤完全情報という５つの仮定によって成立している.

　無数の経済主体とは，各財の買い手と売り手は無数に存在していることを意味する．買い手と売り手が無数に存在することで，各経済主体は価格への影響力を持たない価格受容者として行動する．市場への参入・退出は自らの意思で自由に行える．完全競争市場で取引される財は差別化されておらず，買い手と売り手は財の価格のみを参考に行動する.

　買い手と売り手の間に情報の非対称性はないため，各経済主体は財・サービスと各経済主体の行動に関する情報を完全に有している．この完全競争市場においては，各経済主体が自由に取引を行うことで総余剰が最大化される.しかし，現実には完全競争市場はあまり存在しておらず，市場のみに任せておいては効率的な資源配分が達成されないことがある．このことを，市場の失敗とよぶ．この市場の失敗を理解するために，次項ではまず，価格支配者が存在する市場について考える.

(2) 不完全競争市場

　企業が少数しか存在せず，個々の企業が価格支配力を持っている市場もある．この市場を不完全競争市場とよぶ．生産者が１社のみ存在する市場は独占市場，少数の企業のみが存在する市場は寡占市場とよばれる．ここでは独占市場について考える.

　独占市場では，独占企業は生産量に応じて市場価格が変化することを知っているため，この価格変化を見越して行動する．多くの財を生産した場合，

全ての財を販売するためには価格を低く設定する必要がある．財の生産量を少なくした場合は価格を高く設定し，一部の消費者に販売することとなる．独占企業は生産費用と販売収入の差が最も大きくなるように，生産量と価格を決定する．完全競争市場との違いは，生産量の減少と価格の上昇を通じた消費者余剰の減少と総余剰の減少である．独占企業は自らの利潤を最大化させることで生産者余剰を増加させる（独占利潤を獲得する）が，市場全体としては資源の配分は非効率となる．

　一般的に，独占企業が非難されるのは消費者余剰の減少が理由であり，より高い価格で限られた消費者しか当該財・サービスを消費できないことが理由となるが，経済学においては社会全体の効率性が失われたことを意味する総余剰の減少を重視する．この総余剰の減少分は取り戻すことができず，死荷重とよばれる．次に，その他の市場の失敗について考える．

(3)　その他の市場の失敗

　市場が失敗するその他の要因として，主に外部性，不完全情報，公共財が存在する．

①　外　部　性

　外部性とは，市場を通さずにある経済主体の行動が他の経済主体に影響してしまうことを意味する．他の経済主体に正の影響がある場合は外部経済，負の影響がある場合は外部不経済とよばれる．例えば，果樹園の近隣に養蜂場ができた場合，蜂が果樹園の花に飛んでくることで受粉が促され，結果として果樹園の収穫量は増加することは外部経済となる．外部不経済の例としては公害や騒音などの問題がある．

　経済学では，外部不経済に焦点を当てることで市場の失敗をいかに解消するかについての理論が構築されていたり，補助金などの理由として外部経済の考えを用いたりしている。

② 不完全情報

　財の売り手と買い手の間に情報の非対称性があることを不完全情報とよぶ．不完全情報に関しては，逆淘汰とモラルハザードという問題を考える必要がある．逆淘汰とは，保健会社などで使用される業界用語が由来であり，逆選択ともよばれる．これは隠された「情報」があるときに発生する問題である．

　まず，買い手の方が売り手よりも情報を多く持っているケースを想定する．例えば，保険会社は「事故を起こす確率が高い人が保険に入りたがる」傾向であることは知っているが，「本当に事故を起こしやすいかどうかは加入者本人しか知らない」という情報の非対称性に直面している（隠された情報）．このとき，平均的な事故確率を参考に保険料を設定してしまうと，事故を起こさない人にとっては保険料が高くなってしまうため加入せず，結果的に事故を起こしやすい人のみが保険に加入する．保険加入者の事故発生確率が高いため，さらに保険料は上がり，事故を起こしやすい人のみが保険に加入することで，最悪の場合では保険市場が崩壊してしまう．

　次に，買い手よりも売り手の方が多くの情報を有しているケースを想定する．例えば，中古車販売市場では売り手である中古車販売業社が中古車に関する情報を多く有しており，買い手が平均的な買値を設定した場合，質の良い車は中古車市場には出回らなくなる．その後，中古車市場の平均的買値は下がっていくことで，さらに中古車市場に出回る車の質は下がり，最悪の場合では中古車市場は崩壊してしまう．これを，「レモンの中身は切ってみないとわからない」という意味から，レモン（市場）問題とよぶ．

　モラルハザードは，保険会社に対して保険加入者の隠された「行動」があるときに発生する問題である．保険加入者は，保険に加入している状況では事故を起こしても保険によって修理代などがカバーされるため，保険加入前と比較して危険な運転をしてしまう可能性がある．このような，保険への加入が人々の行動に逆効果を与えてしまうことをモラルハザードとよぶ．

③　公　共　財

　公共財には，非競合性と非排除性という性質がある．非競合性とは，ある人がその財を消費しても，他の人がその財を消費可能な量は減らない，という性質である．非排除性とは，ある特定の消費者を，その財の消費から排除することが困難である，という性質である．公共財の例としては，警察，消防，国防，義務教育，街灯，自治体主催の打ち上げ花火などがある．

　公共財の市場では，費用を負担しないで公共財を利用する者（フリーライダーまたはただ乗り）の問題が発生する．市場では，経済主体は私的な利益を最大化させるため，誰もが自ら費用の負担をすることなく，他者の負担する費用によって供給される公共財を利用する誘因（インセンティブ）を有する．そのため，利潤最大化を目指す企業にとっては，公共財の供給は採算が取れないものとなる．結果として，市場に公共財の供給を委ねた場合，最適な公共財の供給量よりも過少供給となってしまう．この問題は，自警団や雪かきなど，公共財の需要者と供給者が一致している場合でも同様の結果となる．

　近所で雪かきをすることを想定する．A家とB家が存在し，1つの家が雪かきした結果として，両家の前から雪がなくなることでお互いが2ずつ恩恵を受けるとする．両家が雪かきした場合，それぞれ4ずつの恩恵を受けることになる．この作業を行うには3の費用がかかるとする．本来であれば，両家の雪かきによりそれぞれの家が4の恩恵を受け，3の費用を支払っているため純粋な恩恵はそれぞれ1となるはずである．しかし，お互いの家は，自分たちは雪かきせずに，相手の家に雪かきをしてもらおうと考えている．結果的にどちらも家も雪かきをしなくなり，最適な供給量と比較すると，雪かきという公共財の供給は過少となる．

3. 政府の対応

(1) 市場の失敗への対応

市場の失敗に対しては，政府の対応が必要となる．ここでは独占，外部性，不完全情報への対応を考える．なお，公共財の供給については第5章，第6章，第9章でも取り扱うため，次小節で詳しく説明する．

① 独占への対応

市場の独占は資源配分を非効率にするため，政府の介入が必要になる．日本では，独占禁止法がその役割を果たしている．独占禁止法の正式名称は「私的独占の禁止及び公正取引の確保に関する法律」であり，その目的は「公正かつ自由な競争を促進し，事業者が自主的な判断で自由に活動できるようにすること」である[1]．この独占禁止法を運用するために設置された公正取引委員会を通じて政府は市場へ介入し，独占を規制している．

例えば，あるアイスクリーム製造会社は自社製品が販売されている小売店を巡回し，希望小売価格よりも低い価格で販売している小売店に対して，希望小売価格の通り販売するように要請していた．さらに，要請に応じない場合は商品の出荷停止などを行っていた．また，ある大手パソコン部品メーカーが国内のパソコンメーカーに対して，自社が生産する電子回路を使用することを条件にリベートや資金提供を行っていた事例がある．これらの行為によって市場における競争は制限されるため，公正取引委員会により勧告が行われた[2]．

② 外部性への対応

外部性による市場の失敗を回避するため，政府による対応が必要となる．まず外部性の内部化の方法として，ピグー税と排出権取引について取り上げる．その後，政府による規制について考える．

　外部性を内部化させるための方法として，ピグー税と新たな市場の創設がある．ピグー税は，企業の生産活動に伴う環境汚染などについて，汚染の費用を企業に支払わせることで，汚染という外部不経済を企業の生産活動の問題として内部化させる機能をもつ．具体的には，環境汚染という社会的費用を企業に課税する方法である．しかし，適切な税率をどのように決定するかという点が問題となる．また，環境汚染は越境してしまうため，国際間での問題でもある．この問題を解決するために，環境汚染の許容排出量（排出権）を取引するという新たな市場が創設された．排出権取引制度は，排出権を企業や国に割り当て，割り当てられた許容排出量を超える場合は他の企業や国から排出権を購入する制度である．

　規制により，外部不経済をより少なくする方法も存在する．例えば，用途規制は土地利用を定めるものであり，地域の目指すべき土地利用の方向性を考慮することで外部不経済を少なくできるようになっている．日影規制は近隣の日照確保のための建築物の高さ制限であり，中高層建築物が落とす日影の時間を制限するものである．この日影規制によって，日影という外部不経済をより少なくできる．

③　不完全情報への対応

　逆淘汰に対して，政府はどのように対応しているのか．レモン市場への対応としては，アメリカの「レモン法」がある．アメリカの多くの州では，中古車市場において中古車の一定水準の質を保証するレモン法によって，レモン問題に対応している．質に関する情報は公共財であるため，民間企業が質を保証することは考えにくい．そのため，政府や行政が関与する必要がある．例えば，住宅に関しては住宅性能表示制度や，瑕疵担保責任などがある．

　逆淘汰によって保険市場が崩壊してしまう危険性についても説明したが，この点についてはどのように対応しているのか．日本においては，政府は自動車購入の際に自動車損害賠償責任保険（自賠責保険）への加入を義務づけている．このように，逆淘汰の結果として保険への未加入者が出ないよう，

政府が自動車保険市場へ介入することで対応している.

(2) 公共財の供給

公共財の供給を市場に任せた場合は過少供給になるため，政府が供給する必要がある．それでは，公共財の最適な供給量はどのように考えるべきなのか．ここでは，サミュエルソン条件によって公共財の最適な供給量について考える．サミュエルソン条件式の経済学的な意味は，市民の限界効用の総和と公共財の限界費用が等しくなる公共財の量が社会的に最適であることを意味している（図1-4参照）.

ある経済において，n人の消費者が公共財を利用する状況を考える．公共財は非競合性と非排除性を有するため，全ての消費者は公共財を等しく利用できる．ここで，公共財の供給が1単位増加した時に追加的に得られる消費者iの効用の増加分（限界効用，Marginal Utility）をMU_iとする．このとき，サミュエルソン条件式は以下のように得られる.

$$MU_1 + MU_2 + \cdots + MU_n = MC \qquad (1\text{-}1)$$

MCは，公共財の供給を1単位増加させた時にかかる費用の増加分（限界費用，Marginal Cost）を意味している.

政府による公共財供給には財源が必要であるが，ただ乗り（フリーライ

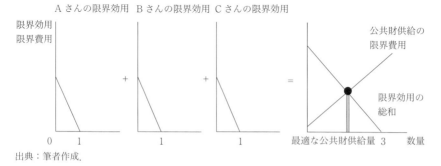

出典：筆者作成.

図1-4　サミュエルソン条件式（n＝3のケース）

ダー）問題が発生する．ただ乗り問題とは，費用を支払わずに便益を受けることを意味する．これらのただ乗り問題に対しては，受益者負担の原則が必要となる．例えば，費用負担者のみに公共財を供給するといったクラブ財の導入などがある．また，納税のインセンティブを高めるためにも，公平性や透明性に関する政府の信頼を増すことが，ただ乗り問題を解消するために重要であるといえる．

(3)　政府の存在

　経済学において，政府の役割はどのように考えられているのか．現実には，経済や市場は完全競争とはほど遠いものであるため，市場の失敗が発生し，政府がいくつかの方法によって介入することとなる．ここで重要となる概念が，効率性と公平性である．

　まず，効率性に関する政府の役割とは，市場の失敗による資源配分の非効率化を解消することである．例えば，環境汚染などの外部不経済が存在する場合，外部不経済の内部化や，規制の導入などによって企業の行動を制限することで最適な資源配分を達成できると考えられる．また，前項で確認したように，企業に公共財の供給を任せた場合，公共財は過少供給となってしまうため，政府が公共財を導入することとなる．すでに説明されている通り，現実の経済では家計と企業のみによって効率的な資源配分を達成することは困難であるため，やはり政府の介入が必要となると考えられる．

　次に，公平性についてである．効率的な資源配分の結果として，1つの経済や市場としては最適な状態となる．しかし，その経済や市場の中で，一部の高所得層が全体の所得の大部分を得ることによって，所得格差などが発生することは容易に考えられる．それゆえ，政府は所得の再配分を達成するために経済や市場へ介入することとなる．重要なのは，効率性と公平性はトレードオフの関係にあることが多く，効率性と公平性のバランスをどのように判断するかという点である．

　どのようなケースで効率性と公平性のトレードオフが発生するのか．まず，

効率性を重視した場合を想定する．例えば，財の配分については，最もその財を評価している人へ配分することが望ましい．これは，その財を必要としておらずその財への評価が低い人へ配分するよりも，その財を必要としておりその財への評価の高い人へ配分すべき，という考えからきている．しかし，より所得の高い人はより高い金額を提示できるため，所得の低い人はその財を必要としていても配分されない可能性がある．当該財が嗜好品であれば許容できるかもしれないが，衣食住に関わる生活必需品の場合は納得できないということも想定できる．

次に，公平性を重視した場合はどうなるだろうか．公平性を重視するとは，究極的には，すべての人々があらゆる事柄において平等であり，富裕層も貧困層も存在しないことを意味する．このような世界においては，より働いた人や，より多く稼いだ人々がそれ以外の人々を支えることとなる．そのため，働くインセンティブや，より多くの収入を得るインセンティブは無くなるだろう．結果的に，その国や経済における効率性は低下し，富が減少することで人々は豊かさを失ってしまうことになる．

公平性や平等性を判断するとき，いくつもの価値観や倫理観が存在するため，絶対的な基準は存在しない．経済学は最適なバランスを提供するのではなく，効率性と公平性のバランスの判断基準になりうる要素を提供することで，人々の議論に貢献している．

注
1) 公正取引委員会ホームページ「独占禁止法の概要」．
2) 2006年1月にこの勧告制度は廃止された．

第2章
不況時の政策と財政赤字

1. 国民所得の諸概念

(1) 国内総生産と付加価値

① 国民経済計算

　経済学では，一国全体を対象として分析を行う場合もある．第1章では，家計と企業の行動や，政府の役割について述べた．これらの経済活動の結果をいくつかの代表的な変数として集計し，それら集計された変数の動き方を分析することで，経済政策などの議論を行っている．つまり，個別のケースを扱うのではなく，全ての経済活動を総合的に扱う分野といえる．例えば，経済規模，物価水準，失業問題，為替レート，金利などが当てはまる．

　それでは，一国の経済活動の規模はどのように計測されているのか．国際連合加盟国は，それぞれの国の経済状況を比較できるように，一国の経済活動は共通の基準によって記録され公表されている．この共通の基準は国民経済計算，あるいは国民経済計算体系（System of National Accounts: SNA）とよばれる．2022年現在，日本は2009年に国際連合で合意された国際基準である2008SNAを採用している．

② 国内総生産

　消費者は財・サービスを消費することで生活の水準を高め，より快適な日常生活を送ることを望んでいる．その財・サービスは企業や，一部は政府に

よって生産される．そこでは，生産要素や原材料を投入することで財・サービスが生産されている．この生産活動の成果を示す主要な概念として，国内総生産（Gross Domestic Product: GDP）がある．GDP は，1）ある経済が，2）一定期間に生み出した，3）付加価値（value added）の総計である．

ここから，簡単な数値例を用いて GDP について説明する．図 2-1 はパン産業における GDP の仮設例である．経済では，農家が小麦を生産し，小麦を投入することで製粉所によって小麦粉が生産される．製パン会社が小麦粉を投入することで最終財としてのパンが生産され，小売店で消費者に販売される．重要となるのが付加価値の概念である．図 2-1 では，小麦農家は原材料等（中間財）を投入せず小麦 30 兆円分を生産している．総生産額から中間財の費用を差し引いた，純粋な成果を付加価値とよぶ．製粉所は 30 兆円分の小麦を中間財として投入し，45 兆円分の小麦粉を生産しているため，このときの付加価値は 45 兆円から 30 兆円を差し引いた 15 兆円となる．GDP は付加価値の総計であるため，パン産業の GDP は 60 兆円となる．こ

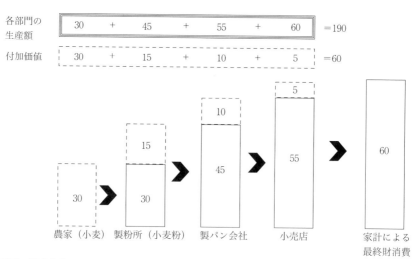

出典：筆者作成．

図 2-1　パン産業における GDP の仮設例（単位：兆円）

こで注意が必要なのは，GDP は各部門の生産額の総計ではないという点である．生産額の合計は 190 兆円であり，中間財投入の金額も含んでいるため，過大評価となってしまうことが確認できる．

③ 国民総生産・国民総所得

GDP は「国内」という概念によって形成されているが，「国民」による経済活動を示す指標も存在する．国際化やグローバル化が進み，海外へ生産要素を提供することで報酬を得たり，逆に海外の生産要素へ報酬を支払ったりすることもある．これには賃金の他に，投資の配当金や利子なども含まれる．そのため，GDP では純粋な国民所得の把握はできないことになる．

この国民の所得を意味するものが国民総生産（Gross National Product: GNP）である．GNP は，GDP に海外からの要素所得受け取り金額を加え，海外への要素所得の支払い金額を差し引いたものである．93SNA からは，この GNP に代わり，同様の概念として国民総所得（Gross National Income: GNI）が導入されている．

(2) マクロ経済循環

GDP には 3 つの計算方法があり，それぞれ生産面，分配面（所得面），支出面の GDP とよばれる．1 つめの生産面の GDP は，生産されたすべての最終財・サービスの総計を意味する．この生産面の GDP は前項で説明したパン市場における GDP の仮説例に当てはまる．2 つめは，分配面の GDP であり，家計が得た要素所得と政府への納税金額の合計値として求められる．この要素所得には，企業が家計へ支払う賃金，利潤，利子，賃貸料などが含まれる．3 つめは，支出面の GDP であり，国内で生産された財・サービスへの総支出として求められる．

この支出面の GDP は民間消費支出，民間投資支出，政府支出，輸出額から輸入額を差し引いた金額の合計値によって求められる．つまり，生産面の GDP は家計や政府へと分配され，分配面の GDP が消費などに支出されるこ

とで支出面の GDP が形成されている．このことをマクロ経済循環とよぶ．国民経済計算において，この 3 つの面は恒等関係にある．

$$\text{生産面の GDP} \equiv \text{分配面の GDP} \equiv \text{支出面の GDP} \qquad (2\text{-}1)$$

このように，3 つの面で GDP が恒等関係にあることを三面等価の原則とよぶ．恒等関係はあくまでも「事後的」なものであることに注意が必要である．例えば，企業が生産したものは売れ残り在庫となることが考えられる．在庫は翌年に販売するために，企業が投資することで保管しているという計算となる．企業による投資は，あくまでも広い意味での投資となっている．

(3) 国民所得の決定

一国の国民所得はどのように決定されるのか．国民所得の決定メカニズムを理解するために，総需要（Aggregate Demand: AD）と総供給（Aggregate Supply: AS）について説明する必要がある．総需要とは，ある国の経済における需要量の総和である．総需要は物価水準と関係しており，縦軸を物価水準，横軸を数量とした場合，右下がりの曲線となる．この曲線を総需要曲線とよぶ．

なぜ総需要曲線は右下がり，つまり物価水準が低下すると総需要が増加するのだろうか．総需要は消費，投資，政府支出，貿易・サービス収支の総和，つまり国内の総支出を指す．総需要と物価水準の負の関係は，物価変動の資産効果と物価変動の利子効果によって説明できる．物価変動の資産効果とは，物価水準が低下することで家計がもつ資産の購買力が上昇し，結果的に消費が増加する効果を意味する．また，物価変動の利子効果は，物価低下によって家計・企業が保有する貨幣の購買力が上昇し，その結果として利子率が低下することで消費支出や投資支出が増加する効果を意味する．

次に，ある国の経済における供給量の総和である総供給と物価水準の関係は，総供給曲線によって表現される．物価の変動を考慮しない名目賃金は短期的には不変であるため，この短期総供給曲線は右上がりとなる．物価水準

の低下によって企業の生産物 1 単位当たりの利潤が増加するため，短期では総産出量が増加するからである．総需要曲線と総供給曲線の交点がマクロ経済の均衡となる．短期的なマクロ経済の均衡はこの総需要曲線と短期総供給曲線によって決定され，短期均衡物価水準と短期均衡総産出量が決定される．この経済モデルを AD-AS モデルとよぶ．

　長期の均衡は名目賃金の変動によって達成される．不況時には失業者が多く，名目賃金は低下する．その後，企業は生産費用の低下によって生産量を増加させる．逆に，好況時には失業率は低下し，名目賃金も上昇する．その結果として，企業の生産費用は上昇するため，生産量を減少させることとなる．

　このように経済は，長期的には自己修正的であるが，この自己修正プロセスは数年以上かかることもあり，大きな経済ショックや災害などが発生した場合には短期的な対応が必要となる．それでは，不況時における政府の対応にはどのようなものがあるのか．次節では政府の政策について考える．

2.　不況時における政府の対応

(1)　財政政策と金融政策

　長期のマクロ経済の均衡は名目賃金が変動することで達成されるが，短期的な経済ショックなどへの対応には政府の介入が必要となる．ここでは政府の対応として財政政策と金融政策について考える．

　図 2-2 には短期的なマクロ経済の均衡，そして財政政策と金融政策の効果が描かれている．まず，総需要曲線（AD^1）と短期供給曲線（AS）の交点で短期マクロ経済均衡が達成されている．この状況から，例えば経済の先行きが不透明な状況が原因となり，消費者や企業がより悲観的になることで消費が落ち込んだとする．このとき，総需要曲線は，新たな総需要曲線（AD^2）まで左へシフトする．将来に悲観的であるため，同じ物価水準でも需要する財の総数が減少するためである．結果的に，新たな短期的マクロ経済均衡は

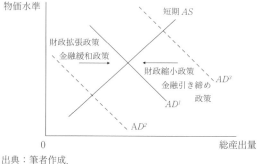

図 2-2　財政政策と金融政策の効果

AD^2 曲線と短期 AS 曲線の交点となるため，短期均衡総産出量は減少し，短期均衡物価水準も低下することとなる．ここで重要となるのが政府の政策である．

　1 つめの政策は財政政策である．財政政策とは歳出や歳入を変化させることで経済に影響を与える政策を意味する．そのため，財政支出と税政策について考える．一般的に，歳出の増加は財政拡張政策，歳出の減少は財政縮小政策とよばれる．総需要に対して，歳入の減少は財政拡張政策，歳入の増加は財政縮小政策と同様の効果をもたらすとされている．まず，総需要には政府による財・サービスの消費も含まれており，政府支出の増加は総需要を増加させることとなる．次に，税政策として税率引き下げを行う場合は間接的に総需要へ影響する．税率が引き下げられることで，家計の可処分所得は増加し，貯蓄に回らない分はそのまま消費の増加へと直結する．つまり，税の引き下げは可処分所得の増加を通じて，間接的に総需要を増加させる．結果として，どちらの財政政策も総需要曲線を右へシフトさせることで，短期均衡総産出量は増加することになる．

　2 つめの政策は金融政策である．金融政策は，主に中央銀行によって行われる政策であり，貨幣の供給量や利子率を操作することで市場に出回る貨幣量をコントロールし，さらに物価を安定させることで安定した経済活動をサ

ポートする政策である．貨幣供給量を増加させる金融政策を金融緩和政策，貨幣供給量を減少させる政策を金融引き締め政策とよぶ．金融緩和政策によって貨幣供給量が増加した場合，家計や企業はより多くの貨幣を保有することとなり，銀行はより多く貸し出そうとする．結果として，貨幣供給量の増加により，いずれの物価水準においても利子率は低下し，消費支出と投資支出は増加する．このことから，金融緩和政策は総需要曲線を右へシフトさせる効果があり，短期均衡総産出量は増加することになる．これらのことから，短期的には財政拡張政策や金融緩和政策によって，国民所得の増加が達成できることが理解できる．

(2) 乗数効果

拡張的財政政策は，政府購入と政府移転支出に分けられる．政府購入は政府による財・サービスの消費であるため，直接的に総需要を増加させる．一方，政府移転支出は政府から家計・企業への一方的な購買力移転のための支出であり，生活保護費や年金，企業への補助金などが含まれる．経済学では，政府購入よりも政府移転支出の方が，総需要増加に対して与える効果は少ないことを示している．この理由を確認するために，道路の建設のために100億円を支出するケースと，政府移転支出として政府が家計へ100兆円を手渡すケースを比較する．

まず，この乗数効果の理解に不可欠である，限界消費性向の概念について説明する．この限界という言葉は，英語では marginal が使用される．一般的に，限界とは「限り」を意味するが，経済学の限界概念は「財・サービスの数量を1単位変化させたときの，財・サービスの数量に依存しているもう一方の変数の変化量」を指す．限界消費性向とは，所得が増加したとき，その可処分所得の増加分のうち，どの程度を消費に回すかというものである．例えば，所得が100万円増加したとき，50万円を消費へ回した場合，限界消費性向は0.5となる．残りの金額は貯蓄へ回されるため，1から限界消費性向を指し引いた数値を，限界貯蓄性向とよぶ．

この限界消費性向が1であった場合，政府購入と政府移転支出は同じ効果となる．現実的には家計の限界消費性向は1未満であるため，政府購入よりも政府移転支出がGDPへ与える影響は小さくなる．政府購入と政府移転支出がGDPへ与える効果について，ここでは限界消費性向は0.8であると仮定する．政策の効果は時系列で変化していき，蓄積されるため，時系列での変化をラウンドによって表記する．

まず，政策施行の第1ラウンドにおいて，政府購入は総需要の構成要素であるため，GDPを100兆円分増加させる．限界消費性向は0.8であるため，第2ラウンドではこの増加した分の国民所得（GDP）から80兆円が消費に回され，20兆円は貯蓄に回される．そのため，第2ラウンドでは消費分の80兆円がGDPの増加に貢献することになる．このラウンドを繰り返していくと，消費は乗数的に増加していき，最終的にはGDPを500兆円増加させることになる．これを乗数効果とよぶ．乗数は，以下の式によって計算することができる．

$$乗数 = \frac{1}{1-限界消費性向}$$

乗数は政府購入や政府移転支出の効率性とも解釈できる．今回のケースでは限界消費性向は0.8であるため，乗数は5となる．つまり，第1ラウンドの政府購入や政府移転支出は，乗数効果によって5倍のGDPを創出できることを意味している．

次に，政府移転支出の場合，家計は追加的に得た100兆円分の所得のうち80兆円を消費に回すため，第1ラウンドではGDPを80兆円分増加させる．結果的に，政府移転支出による財政拡張政策を導入した場合，GDPを400兆円分増加させることができるが，政府購入によるGDP増加分である500兆円よりも効果は少ないことが理解できる．不況時の限界消費性向は極めて小さくなるため，乗数も小さくなる点に注意する必要がある．

減税の効果についても考えてみる．減税の効果は可処分所得の増加であり，

家計が消費に回せる金額が増加することを意味する．ここでも重要となるのが，増加した所得のうち，いくらを消費に回すかという点である．つまり，限界消費性向により減税の効果が決定されることとなる．

　これらから，政府購入よりも政府移転支出や減税が GDP 増加へ与える効果の方が小さいことが理解できる．

(3)　財政再建

　政府購入や政府移転支出の増加は歳出の増加を意味し，減税は歳入の減少を意味するが，経済学において財政赤字はどのように捉えられているのか．また，財政赤字が大きくなった場合はどのように財政を再建させるのか．まず，財政の黒字と赤字は政府の収入である税収から，政府購入と政府移転支出を差し引いた金額として考える．収入から支出を差し引いているため，政府の貯蓄として考えることができる．

　財政赤字について，経済学では，長期で均衡する必要はあるが不況時などに財政赤字となることはやむをえないとしている．すでに説明した通り，不況時には総需要の減少から短期的な総産出量，GDP，国民所得が減少する．このとき，財政拡張政策は総需要を増加させるための有効な手段の 1 つとなる．そのため，不況時に財政赤字となることは避けられず，単年度での財政赤字はやむをえないものであると解釈できる．このように財政が赤字化した場合，財政はどのように再建されていくと考えられているのか．ここでは，ケインズ経済学について説明することで財政再建について考える．

　ケインズ経済学は，1930 年代に発生した世界大恐慌を背景に，不況時には財政政策と金融政策を通じて政府が経済へ介入することで，不況から脱出できることを主張している．このケインズ経済学は，ジョン・メイナード・ケインズによって執筆された『雇用・利子および貨幣の一般理論』(1936)が基礎となっている．1930 年代以前の経済学では，経済や市場は自動的に制御されるものであり，財政は均衡するべきものとされていた．しかし，ケインズ経済学は，不況時においては財政赤字を出してでも積極的に政府が経

済に介入する必要性を説いた．現在でも，国や市場によってその影響は異なるが，不況時における財政政策と金融政策を通じた政府の介入は経済学において広く普及しており，財政再建は中・長期的に考えられている．

　経済学において，景気は循環するものであり，不況と好況を繰り返すものである．不況時には財政拡張政策によって総需要を刺激し，景気回復を目指す．そして，景気回復後にはいくつかの経路で歳入が増加することとなる．

　1つめの経路は家計からの税収増である．景気が回復するにつれ家計の所得が増加した場合，所得税の支払いも増加する．可処分所得の増加によって消費が促進され，消費税などの税収も増加する．2つめの経路は企業からの税収増である．不況時には需要減による生産量の減少や販売価格の低下などの結果として，利益は減少する．しかし，景気回復後には企業の業績も改善し，利益が増加することで法人税が増加する．

　この不況と好況の波を繰り返すことで，財政は中・長期的に均衡するとされている．この点も含め，経済学が考える政府や政策の役割や，その考え方に異論を唱えたのが，ジェームズ・ブキャナンやゴードン・タロックである．

3.　政治と経済のつながり

(1)　経済学への批判

　1930年代以前の経済学においては，市場は自動調整されるものであるという主張が主流であった．現在の経済学では，市場の失敗を解消するために政府が存在し，市場の失敗の内容に応じて適切な政策が導入されることが示されている．ブキャナンはこの内容について，2つの疑問を投げかけている．

　1つめは，経済学においては，市場の失敗が存在しないときは政府の役割がない場合があるが，現実には常に政府は存在している点である．2つめは，政府が導入する政策は常に最適なものであるとされているが，現実では必ずしも経済学が望む政策が導入されていない点である．公共選択論では，主に2点目の問題を扱うこととなる．

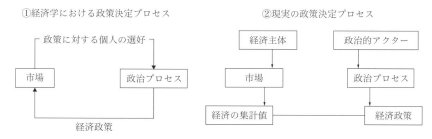

①経済学における政策決定プロセス　　　②現実の政策決定プロセス

出典：筆者作成.

図 2-3　政治と経済のつながり

　経済学において，政策決定プロセスはブラックボックスとなっている．図2-3①は政治と経済の関係性を集合的に表したものである．市場において，経済主体は効用最大化または利潤最大化行動をとるが，現実には各主体にはこれらの市場に関する経済政策への選好が存在する．そのため，政策的な選好を基準に，選挙における投票などによって間接的に政治へ参加し，その結果として経済政策が決定される．主体別の行動は，図 2-3②にまとめられている．

　図 2-3②では，経済主体と政治的アクターの行動が描かれている．経済学においては，経済主体の行動（②左）のみが議論されており，政治的アクターとしての行動（②右）は議論されずに，市場の失敗を解決するために適切な政策が実行されると仮定している．しかし，経済主体でもあり，同時に政治的アクターでもある個人は，経済的に合理的な判断を行うことで投票を決定しているのか．また，政府や官僚においても，これらの民意を完全に汲み取って最適な政策を行っているのか．さらには，最適な政策を行うためのシステムはどのように設計すればよいのか．これらの問いに答えるためには，経済学と政治学の融合が必要不可欠となっている．

（2）　ケインズへの批判

　経済分析には規範的分析（Normative Analysis）と実証的分析（Positive

Analysis）が存在する．規範的分析とは，あるべき姿を分析するものであり，実証的分析とは，あるがままの姿を分析するものである．ブキャナンは，ケインズ経済学の規範的分析についてもある疑問を投げかけている．

ケインズ経済学では，不況時には政府が積極的に市場へ介入することで総需要を刺激し，景気回復を目指すべきであると主張されている．財政赤字についても，中・長期的に解消されるものであるとしている．しかし，本当にこのプロセスは達成されるのか．現実には，政治的アクターは個々の利益の追求（レントシーキング）があるため，必ずしも経済学があるべきとする景気回復のプロセス，または経済学が予見する財政再建が達成されるとは限らないのではないか．

例えば，政治家は次の選挙を見越して特定の地域や部門に対して公的支出ではなく，補助金を通じて積極的に介入するかもしれない．また，官僚は自身の昇進や所属する部署の予算を増やすために行動するかもしれない．さらに，利益団体が存在した場合，各産業ではそれぞれの状況においてロビー活動が行われるかもしれない．

繰返しとなるが，政府は常に存在し，政策決定プロセスにはそれぞれの利益を追求する各政治的アクターが存在しているため，必ず最適な政策が導入されるという主張は現実的ではない．この主張を論理的に説明する必要があり，そのためには公共選択論が有用となる．

(3) 公共選択論の必要性

公共選択論は，経済学の手法を用いることで，経済学がブラックボックスとしてきた政治決定プロセスにおける失敗を実証的に解明することを目的としている．なぜ経済学の手法を採用するのか．これは，政治的議論は，感情的であったり，抽象的であったりする場合が多く，人によって受け取る意味が異なってしまうケースが少なくないからである．

例えば，「若年層の投票率を上げるためにはどのような対策が必要か」という議論を考える．このような議論をするとき，よく「若者の政治離れ」や

「政治に興味がない」といった声が聞こえてくる．この因果関係は正しいのか．政治が遠い存在に感じたり，政治に興味がなかったりすることが投票の棄権に影響しているのか．または，投票棄権によって，政治自体に興味がなくなってしまったのか．この因果関係を特定することは非常に重要である．また，政治に関心がない，という表現について，どの程度までが政治に無関心であるといえるのか．例えば，政治に関する新聞記事やニュースを毎日チェックしていれば政治に関心があるのか，または 3 日に 1 回チェックしていれば政治に関心があるのか．人によって印象が変わるため，ありのままの状況を伝える必要がある．

　この点を理解するためには，投票に関する情報や統計データを使用して分析を行うときに，どのように投票行動や政治への関心を表現できるのかを理解する必要がある．詳細な説明は第 3 章で行うこととする．

　このように，なぜ政策決定プロセスにおいて失敗が発生するかを抽象的な議論ではなく，数理モデルを使用した因果関係の特定や，統計データを使用した分析により論理的に明らかにする必要がある．

第3章
政治的アクターの行動と実証的アプローチ

1. 政治的アクターと政治の失敗

(1) 政治的アクター

経済学では，家計，企業，政府といった経済主体の行動について分析している．それでは，公共選択論ではどのような政治的アクターの行動について分析をするのか．ここからは，政策決定プロセスにおいて重要な政治的アクターである有権者，政治家，官僚の行動についての説明を行う．

図3-1は，市場の失敗から政策施行までのプロセスである．ここでは議院内閣制を想定して政策決定プロセスを考える．まず，市場において，市場の失敗が発生したとする．その場合，経済学においては規範的・実証的分析によって望ましい政策が議論され，導出された政策が導入されることで市場の失敗が解消されるとしている．しかし，経済学においてブラックボックスとされている政策決定プロセスには，複数の政治的アクターが関係しているため，このブラックボックスの中身を議論する必要がある．

まず，市場の失敗の内容に応じて，有権者は自身の立場に合った政策を望み，選挙において望ましい政策を公約に掲げている候補者や政党へ投票する．そして，当選した候補者は立法府の一員として，官僚とともに政策立案に携わることとなる．そして，政策立案後は，官僚制度のもと，行政府の一員として官僚が政策を執行することとなる．ブキャナンは，これらの政治的アクターは個別の利益を追求するために行動するため，経済学において望ましい

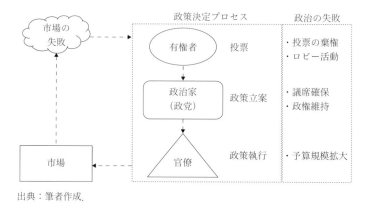

出典：筆者作成.

図 3-1　政策決定プロセス

とされる政策が必ずしも導入されるとは限らないと主張していた.

　それでは，各経済主体はどのように行動すると考えられているのか．この疑問に答えるために，次に合理的行動について説明する.

(2)　合理的行動

　政治的アクターは，何を考えて行動しているのだろうか．第1章でも述べたが，合理的行動とは「ある目的を達成するために最も適した行動を取る」ことを意味する．政治的アクターによって目的は異なるが，公共選択論では各経済主体が個別の利益を追求するために合理的行動をとるので，経済学が説明する望ましい政策は必ずしも導入されないことを主張している.

　例えば，有権者であれば，選挙において自らの生活や将来の仕事のことを考えたり，環境問題や貧困問題のことを考えたりしながら投票するかもしれない．また，政治家であれば，国をより国民にとって望ましいものにすることを考えたり，次の選挙のことを考えたりして政策立案を行うかもしれない．官僚に関しても，効率的な予算配分を達成することを考えたり，自身の昇進などを考えたりして行動するかもしれない.

　ここでは，最適な公共財の供給を例に考えてみよう.

　有権者を例に，合理的行動について具体的に説明する．合理的行動を考えるためには，完備性と推移性について理解する必要がある．完備性とは，ある選択肢の集合の中からxとyが与えられたとき，この選択肢の「どちらが好ましい」か，または「両方の選択肢は同程度に好ましい」かどうかを判断できることを意味する．ある選択肢の集合Xに公園，道路，図書館が含まれる場合，表 3-1 ①のように表記する．それでは，各判断について，数式ではどのように表記できるかを考える．例えば，公共財の供給として道路よりも公園が望ましい場合は，表 3-1 ②のように表記し，公園と道路が同程度に望ましい，つまり無差別である場合は③のように表記する．そして，公共財の供給として道路よりも公園が望ましい，または公園と道路が同程度に望ましい場合は④のように表記する．つまり，完備性とは，ある選択肢の集合の中からxとyが与えられたとき，$x \geq y$または$y \geq x$のいずれかが成立することを意味する．

　次に，推移性について説明する．推移性とは，三段論法と同様の考え方である．例えば，公共財の供給として，ある個人にとって公園は道路以上に好ましく，道路は図書館以上に好ましいとする．このとき，公園は図書館以上に望ましい場合，推移性を満たすこととなる．つまり，$x \geq y$かつ$y \geq z$であった場合，$x \geq z$が成立する．

　完備性と推移性の2つが仮定されている場合，ある選択肢の集合に関して，全ての選択肢を（同列も含め）最も望ましいものから順番に並べることが可能である．そして，より厳密な合理的行動の定義は，「完備性と推移性という仮定の下で，ある目的を達成するために最も適した行動を取る」となる．

表 3-1　完備性と推移性

番号	一般化された表記	今回の例
①	$X = \{x, y, z\}$	$X = \{$公園，道路，図書館$\}$
②	$x > y$	公園＞道路
③	$x \sim y$	公園〜道路
④	$x \geq y$	公園≧道路

今回の例では財の種類が選択肢となっていたが，この選択肢が数量であったり，金額であったりする場合もある．そのため，公共財の供給量についての好みや，公共財供給のための費用についての好みを考慮できる．この合理的行動を全ての政治的アクターに当てはめることで，政治についての失敗を解明するのが公共選択論の目的である．

（3）　政治や政府の失敗

　政治的アクターの合理的行動の結果として，経済学が予見する望ましい政策は導入されない可能性がある．また，政策決定プロセスにおいて，議論が長引くことで政策を決定できないことも想定できる．ここでは，政治的アクターの合理的行動を仮定し，この2つの政治の失敗について考える．

　1つめの政治や政府の失敗は，市場経済や社会にとって望ましい政策が導入されないケースである．図3-1には，政治の失敗が発生するメカニズムも描かれている．経済学では，図3-1の政策決定プロセスはブラックボックスであったため，このプロセスに関する議論は行われていない．そのため，自動的に望ましい政策が導入されることとなっていた．しかし，合理的行動を仮定した政治的アクターの存在を考慮した場合，政策決定プロセスに歪みが生じる可能性がある．

　まず有権者について考えてみる．例えば，選挙においてある特定の年齢層や所得層の投票率が著しく低かった場合，真の意味で望ましい選挙結果となるのか．また，ある利益団体が，自らの属する産業や部門の利益を優先させロビー活動を行った場合，導入される政策に影響はあるのか．前者の場合，特定の年齢層や所得層の意向が反映されず，投票を行った特定の層の声のみを反映させた政策が導入される可能性がある．後者に関しては，特定の利益団体の利益を優先させることで，一国全体として望ましくない政策が導入される可能性がある．そのため，政治の失敗となることがある．

　次に，選挙の候補者や政治家の行動について考えてみる．選挙の候補者や既存の議員は，自らの政治理念を貫き，望ましい政策を導入するためには当

選する必要があるので，議席取得を最優先に考えるだろう．現政権も同様に，政権維持を最優先することでより良い国を目指している．しかし，議員になることや，議員として議席を確保し続けることを最優先してしまうと，結果的に政策決定プロセスに歪みが生じる．

　例えば，ある年齢層からの得票数を増やすために，特定の世代のみが恩恵を受けるような政策を導入した場合，一国全体として望ましい政策と言えるだろうか．また，当選のために，政治献金や票取引などの汚職に手を染めてしまう議員が当選した場合，一国全体にとって望ましい結果となるのか．政治家に関しても，合理的行動を仮定することで，やはり政治の失敗が発生してしまう可能性があることが理解できる．

　最後に，官僚の行動について考えてみる．官僚は，政治家よりも情報量を多く有するため，その知識を活用することで効率的な予算配分を目的とし，政治家と協働して最適なプロセスでの政策施行を目指している．しかし，官僚に限らず，現実的には自身の昇進や出世を達成することを目的に行動するかもしれない．例えば，他の省庁や他の部署よりも多くの予算配分を獲得しようと行動することで，効率的な予算配分が達成されない場合がある．予算拡大を進めるあまり，必要以上の公共財や補助金などが導入されることも考えられる．このように，全ての政治的アクターが個人の利益を追求すると社会全体として望ましくない政策が導入されるという，政治や政府の失敗が発生する可能性がある．

　2 つめの政治や政府の失敗は，政策決定プロセスにおいて，議論を優先するあまり政策決定についての意思決定を行えないことである．これは主に直接投票において，集団として推移性を満たしていない場合に生じる問題である．例えば，お昼ご飯に何を食べるかを決めるとき，3 つの選択肢であるカレー，ラーメン，牛丼について，それぞれ 1 対 1 の直接投票によって決定する状況を考える．このとき，カレーはラーメンより，ラーメンは牛丼より，そして牛丼はカレーより多数票を得る場合，つまりメニューが決まらないという状況を投票のパラドックスとよぶ．

　次に，公共選択論にて採用されている実証的分析手法である数理モデルと統計データ分析について説明する．

2.　数理モデルによる分析

(1)　数理モデルとはなにか

　政策決定プロセスにおける政治的アクターの行動は複雑であり，説明が困難であることが多い状況である．そのため，合理的行動を仮定することで，政治的アクターの行動を簡素化し，政治・政治の失敗を議論しやすくしている．しかし，この政治・政府の失敗のメカニズムをより客観的に表現できる方法がある．それが数理モデルである．

　数理モデルとは，社会現象や政治プロセスなどの仕組みについて，数学的な手段を用いて記述された理論モデルを意味する．つまり，複雑な現象を擬似的かつ客観的に表現することで，より客観的な議論を行うことが可能となる．そのため，現実の現象を眺めているだけでは見えてこなかった社会現象のメカニズムや発生原因を表現したり，これらの関係性を使用して未来の予測などを行ったりすることも可能となる．近年では人工知能（AI）などにもこの数理モデルが組み込まれており，我々の身近な存在となりつつある．

　単純な例として，可処分所得と消費の関係性について考える．一般的に，不況時などを除き，可処分所得の増加は消費の増加に直結するとされている．逆に，所得の減少は消費の減少を意味する．この関係性を数理モデルによって表現するには，どのような方法があるだろうか．まずは関数について説明する．

　ある変数 X と変数 Y が存在しているとき，基本的な関数は，

$$Y=f(X) \qquad (3\text{-}1)$$

のように表現できる．これは，変数 X が変数 Y の値を決定するという関係を示している．このとき，変数 X を独立変数（Independent Variable），変数

Yを従属変数（Dependent Variable）とよぶ．実証分析における推定式では，独立変数は説明変数，従属変数は被説明変数ともよばれる．また，この関係性は，

$$X \rightarrow Y \qquad (3\text{-}2)$$

とも表記できる．つまり，（3-1）式および（3-2）式では，独立変数は原因，従属変数は結果という関係になっていることがわかる．このように，原因と結果を特定し，関数によって表現することを関数（形）の特定化とよぶ．

　次に，変数Xが変化した時に変数Yがどのように変化するかについて考える．この変化は，微分とよばれ，経済学においては限界概念を意味する．例えば，1単位の可処分所得が増加することによって消費にどのような影響を与えるか，といった現象を表現することができる．それでは，独立変数が2つ以上の関数についてはどのように考えるのか．例えば，独立変数が変数X_1と変数X_2の2であるケースにおいて，変数X_1のみが変化することによる変数Yの変化を偏微分とよぶ．

　重要な点として，この関数は因果関係の「方向」は明示しているが，その「内容や程度」については説明していない．この「内容や程度」を表現するためには，関数（形）の特定が必要となる．例えば，追加的な可処分所得の増加分のうち，8割を消費に回す人々を想定して考える．

　この時，可処分所得と消費の関係性は，

$$Y = 0.8X \qquad (3\text{-}3)$$

と表現できる．Yは消費，Xは可処分所得を意味する．また，0.8は可処分所得増加分のうち消費に回る割合であり，限界消費性向を意味する．

　次に，数理モデルを採用することの利点と欠点について考える．

（2）　数理モデルの利点と欠点

　数理モデルは，複雑な現象について，関係する変数を選択し，関数（形）

を特定することで，その現象の因果関係やメカニズムを表現している．その
ため，数理モデルとは変数間の関係性を示した仮定であるともいえる．他の
言い方をすれば，物語やドラマを制作することと類似している．そして，こ
の数理モデルの仮定を現実世界の現象やメカニズムにより近づけるためには，
統計データ分析による検証が必要となる．統計データ分析については，次節
で説明することとする．ここからは，数理モデルを採用することの利点と欠
点について説明する．

　多くの社会科学系の研究や分析において数理モデルが採用されている．そ
の利点は，その客観性と論理性にあるとされている．例えば，給付金などが
消費に与える影響を考えた場合，直感的には正の影響を与えると考える人が
多いだろう．なぜそう考えるのか，その理由を説明するためには，給付金が
消費に与える影響やそのメカニズムを，客観的な方法で明らかにすることが
必要となる．その方法の1つが数理モデルである．

　まず，給付金は家計の可処分所得を増加させる．そして，数式（3-3）に
示されているように，限界消費性向が0.8である世界を想定した場合，給付
金の増加は消費の増加につながることが理解できる．数理モデルの仮定では
給付金と可処分所得の関係と，可処分所得と消費の関係がつながっており，
原因と結果が明瞭に説明されている．

　この論理性に関しても数理モデルを採用する利点といえる．特に，政治的
アクターの行動や，政策決定プロセスの分析に関しては「感情的」な側面が
強く出ることが多く，冷静な分析を行うという意味においても数理モデルは
有用であると考えられる．感情的な議論を含めてしまうと変数間の関係や，
ある現象のメカニズムについての説明ができないケースがあるが，数理モデ
ルでは仮定を設けることによって，因果関係や問題などに対する「解」を導
出できるのも利点である．

　次に，数理モデルを採用するときに注意すべき点について考えてみる．数
理モデルの利点について説明したが，前提として数理モデルにおける仮定や，
関数（形）の特定が適切である必要がある．しかし，現実の現象について，

変数間の関係性や，ある現象のメカニズムを完全に表現できる数理モデルは少ないことに注意する必要がある．つまり，現実離れした数理モデルを採用している研究や分析に意味を与えることは難しく，この点について理解した上で数理モデルを採用しなければならないのである．また，数理モデルによる分析は，その分析結果から適切な政策などについて議論することが可能であるが，特定の条件（仮定）の下での議論となってしまうことに注意が必要である．例えば，海外部門が存在しないモデルから導出された結論や，そこから得られた政策的含意は，あくまでも海外部門が存在しない世界限定の話となる．そのため，やはり数理モデルを採用した分析では，できる限り現実に近い仮定を置くことが求められる．しかし，現実に近い仮定を置くことは，数理モデルをより複雑化させることも意味するため，このバランスが重要となる．

　次に，公共選択論において，政治的アクターの行動を分析するために採用される理論モデルの1つである，ゲーム理論について説明する．

(3)　ゲーム理論

　政策決定プロセスにおいて，政治的アクターはそれぞれの目的を達成するために行動し，お互いの行動の結果として政策施行の有無や，政策の内容が決定される．そのため，自身の目的を達成するには相手の出方を読む必要がある．このような状況を戦略的状況とよぶ．政策決定プロセスにおける問題の多くはこの戦略的状況にあるため，これらの問題を考えるための分析フレームワークが必要となる．その分析フレームワークがゲーム理論（Game Theory）である．

　ゲーム理論は経済学以外にも政治学，経営学，社会学などでも採用されており，幅広い分野で応用されている．このゲーム理論とは，複数の行動主体（プレイヤー）がそれぞれの利得（ペイオフ）を最大にするように行動する中で，「お互いの行動がお互いのペイオフに影響を与える状況」であるとき，「プレイヤーたちがどのように行動するか」を研究する理論である．

　現実では行動の順番が決まっていることがあるが，まず最も単純なケースである，すべての行動主体が同時に意思決定を行うケースを想定する．ゲーム理論の「ゲーム」とは，1）どのような行動主体が何人参加しているのか，2）各行動主体は行動に関してどのような選択肢を有するのか，3）全員の行動の結果，個々の行動主体のペイオフはどのようになるのか，といった内容を表現したモデルを意味する．また，4）各行動主体の目的を設定することが重要となる．例えば，有権者であれば自身にとって最適な公共財供給量であるかもしれないし，政治家であれば選挙において当選することかもしれない．この背後には常にインセンティブが存在している．世論の変化により環境問題が重視されるようになった場合，政治家が当選することを目的とするとき，環境問題に関する政策を導入するインセンティブが高まる．つまり，ゲームの設定が変更された場合，目的達成のための最善策は変化する可能性があり，最終的なゲームの結果も変わる可能性がある．

　各プレイヤーが同時に意思決定を行うゲームの場合，各プレイヤーの戦略がお互いに最適となっている状態で均衡する．この状態をナッシュ均衡とよぶ．ナッシュ均衡の説明としては，囚人のジレンマが有名な例であるが，ここではハロルド・ホテリングが開発した，ホテリングの立地選択モデルを使用する．

　図3-2には，国道沿いにコンビニエンスストアを出店するA店とB店についてのゲームが描かれている．初期段階ではいずれの店も出店していないため，どの位置に出店するかを同時に決定すると仮定する．この場合，出店する位置が戦略の選択肢となる．国道沿いには住宅も多く，潜在的なお客さんは均等に存在している．また，お客さんは最も近いコンビニエンスストアへ買い物に行き，どちらの店舗も同じ立地であった場合は半数ずつの集客となる．コンビニエンスストアはより多くの集客を目指すため，集客数の最大化が目的となる．それでは，このゲームにおけるナッシュ均衡はどの位置になるかを考えてみる．

　まず，ケース①となった場合はどのように考えられるか．A店は左側に

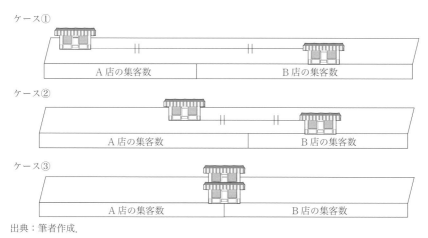

出典：筆者作成.

図 3-2　ホテリングの立地選択モデル（コンビニエンスストアの例）

位置し，B店は右側に位置しているが，B店の方がやや中央寄りの立地となっている．お客さんは最も近いコンビニエンスストアへ買い物に行くため，2店舗の真ん中から左右に集客が分かれることとなる．結果として，B店の集客数の方が多く，他の立地点を選択することでより多くの集客数が確保できるため，A店からするとこの立地点は最適ではないことが理解できる．つまり，ケース①はナッシュ均衡とはならない．

　次に，A店がより中央へ立地するケース②について考える．A店がより中央へ立地した場合，両店舗の中間地点から左半分はA店の集客となるため，ケース②ではB店により中央へ立地するインセンティブが発生する．そのため，このケースもナッシュ均衡とはならない．

　最終的にどちらの店舗も中央へ立地するインセンティブが発生するため，このゲームのナッシュ均衡はケース③で描かれているように，両店舗が中央に立地するケースであることが理解できる．この状態から左右どちらに移動したとしても，移動した店舗の集客数は減少するため，この地点から移動するインセンティブは発生しない．

　次に，これらの数理モデルの検証に必要となる，統計データによる分析に

ついて考える．

3. 統計データによる分析

（1） 変数と数理モデルの関係

　実証的分析は，数理モデルなどによる理論分析（Theoretical Analysis）と，統計データを活用した実証分析（Empirical Analysis）によって構成されている．そして，数理モデルの検証に実証分析が採用されるケースもあれば，統計データを活用した分析から新たな理論が開発されることもある．例えば，数理モデルの説明において限界消費性向の数値が出てきたが，本当に 0.8 となるのかを確認するために実証分析が行われ，より正確な数理モデルが構築されることとなる．そのため，実証的分析を行うにはどちらの分析手法についても理解する必要がある．ここからは，統計データによる分析について考える．

　統計データによる分析を行う上で重要となる「変数」について説明する．数理モデルにおいて，変数 X と変数 Y という抽象的な文字を使用して関数などの説明を行ったが，この変数という言葉はどのように定義できるのか．一般的に，変数とは分析の対象となる現象や行動主体の性質や状態，量などを表す数値などを意味する．また，この変数にもいくつかの分類が存在する．まずは，すでに解説した説明変数と被説明変数である．説明変数は原因となる変数であり，被説明変数は結果となる変数である．

　実証分析を行うことで理論モデルを検証するためには，数理モデルの変数を統計データやアンケートなどによって数値化する必要がある．つまり，理論モデルにおいて採用されている変数が観測できなかったり，数値化できなかったりする場合は，検証することが困難となる．そのため，数理モデルの構築には，注意点として述べた内容に加えて，統計データやアンケートによって数値化が可能であるかどうかが重要となる．

　これは，数値化できない変数を含むモデルの非有用性を説いているわけで

はなく，理論分析と実証分析のつながりという観点からの説明である．

(2)　数値化の意義

　変数の数値化によって統計データなどによる実証分析が可能となる．その
ため，数値化できない変数については擬似的な変数を採用するか，その変数
を除外して分析を行う必要がある．実証分析にとって変数の数値化は非常に
重要な作業であるといえる．ここでは，実証分析における数値化についての
意義を考える．まず，潜在変数の数値化について見てみる[1]．

　データの数値化が必要となるのは，主に潜在変数である．潜在変数を実証
分析に含めるためには，直接観測や計測することが困難である変数に関する
情報をアンケートなどによって回収し，そのアンケートデータなどを加工す
ることで数値化する必要がある．

　例えば，観光の理由として「食べ物がおいしいかどうか」という項目が
あった場合，食べ物がおいしいから来た人を 1，食べ物のおいしさは観光の
理由になっていない人を 0 とすることで数値化が可能となる．この 1 または
0 の値によって特徴が判断される変数をダミー変数とよぶ．この 1 と 0 とい
う数値自体には意味がなく，食べ物が観光の理由となっているかどうかを区
別する変数であるため，質的変数の名義尺度であることが理解できる[2]．観
光の理由として食べ物・景色・歴史的建造物があったとき，アンケートデー
タからランキングを作成することも可能となる．このランキングは質的変数
の順序尺度である[3]．

　次に，擬似的な変数の作成だが，ある産業の職人の技術力がどれほど高い
かを計測することを考えてみる．職人の技術力についても，数値化すること
は極めて困難であるが，この場合は数値化できる変数により擬似的に表現す
ることとなる．例えば，技術を証明するような特殊な資格を保有しているか
どうかといったダミー変数や，就業年数といった比例尺度を採用することも
可能である[4]．このように，潜在変数を数値化することで，当該変数を多く
の分析へ組み込むことが可能となる．

　数値化の意義として，抽象的な表現を具体的に表現できる点も挙げられる．例えば，「今回の選挙は投票率が高かった」，「多くの有権者から支持を受けている」，「あの国会議員は頻繁に議会中に寝ている」，といった言葉を聞いたとき，「高い」や「多い」などの表現から受ける印象は人によって異なるはずである．このとき，「今回の選挙の投票率は61%であった」と数字で表現した場合，投票率の傾向を知っていれば今回の投票率が高いかどうかを判断することが可能となる．一方，有権者からの支持や居眠りの回数などは，基準となる数値がないため人によって受ける印象がより異なる．有権者からの支持に関して，100人でも多いと感じる人もいれば，1000人でも少ないと感じる人もいるかもしれない．そのため，「多い」といった言葉ではなく，数値によって表現することで，より正確な状況を伝えることが可能となる．

　数値化に関しては，いくつかの注意点も存在する．まず，割合や成長率の解釈についての問題がある．よく，「経済成長率が20%」，「お客さんの8割はラーメンを食べていきます」といった言葉を聞くことがある．GDPで考えた場合，「A国の経済成長率は20%であり，B国の経済成長率は1%である」と聞くと，A国の経済成長率は2割の増加を意味するため，経済規模も大きく拡大しているように感じるかもしれない．逆に，B国の経済成長率は0.1割の増加を意味するため，経済はほとんど拡大していないようにも感じるかもしれない．しかし，元々のGDPがA国は100ドル，B国は1000万ドルであった場合，GDPの増加額はそれぞれ20ドルと10万ドルであるため，成長率の数値から受ける印象とは大きく異なるであろう．また，お客さんの8割はラーメンを食べるので，このお店のラーメンは人気がありおいしいのであろうと感じるかもしれない．しかし，1日に来店するお客さんの数は10人かもしれない．このように，成長率や割合については解釈に注意が必要となる．

　質的変数の数値化やその解釈についても注意が必要である．例えば，公共財の供給に関して市民100人にアンケートを取り，公園（＝1），道路（＝2），図書館（＝3）のうち最も必要なものを選択してもらったとする．このとき，

当該変数は名義尺度であり，数値自体に意味がないため，「平均値が 2.2 で
あった」などという説明からは，何も理解できないのである．

　一般的に，質的変数を採用した分析を定性的分析，量的変数を使用した分
析を定量的分析とよぶ．この定量的分析は，主に因果関係の特定を目的とし
ており，数理モデルの検証のためには必要不可欠となっている．次項ではこ
の点について詳しく考えてみる．

(3)　因果関係の特定

　因果関係の特定とは，関数の特定を意味する．つまり，どの変数同士が原
因（説明変数）と結果（被説明変数）の関係になっているかを特定すること
である．数理モデルにおいては，関数の特定化によって因果関係を確認でき
るが，その関係が現実のものであるかを検証するためには，統計データによ
る実証分析が必要となる．例えば，政策の施行が経済成長に与えた効果や，
投薬が病気を治すために役立ったのかなど，多くの分野で因果関係の特定が
行われている．過去の統計データを使用した統計的分析を行うことで因果関
係を特定できれば，将来の政策決定や新薬の開発に役立つため，因果関係を
特定することは非常に重要である．

　近年では，政府や各府省庁においても，この因果関係の特定が重要視され
ている．政策立案や導入に関して，その場の議論や担当者の過去の経験など
から判断するのではなく，関連情報や統計データを活用することにより証拠
（エビデンス）を提示する必要があるとされている．このことを，証拠に基
づく政策立案（Evidence Based Policy Making: EBPM）とよぶ．EBPM は経済
のみならず多くの分野に普及しており，政策決定の根拠を示すことで行政の
信頼を確保することを目的とする．2020 年から流行した新型コロナウイル
ス（COVID 19）対策にもこの EBPM は活用されており，科学的根拠に基づ
く政策立案・導入プロセスがさらに加速し始めている．

　因果関係の特定には実証的分析が欠かせないが，近年では実験的分析や
AI などを使用したシミュレーションによる予測分析が進められている．こ

れらの内容についての詳細は，第14章で説明する．

　注
1)　直接観測や計測ができない変数は潜在変数とよばれ，観測や計測が可能な変数
　　は観測変数とよばれる．
2)　質的変数は数や量で計測できない変数であり，量的変数は数や量で計測できる
　　変数である．
3)　質的変数の中には2種類の変数がある．1つめは名義尺度であり，単純に同じ
　　値であるかどうかに意味がある変数である（例：名前や性別）．2つめは，名義尺
　　度の意味に加えて，値の大小に意味がある順序尺度である（例：ランキング）．
4)　量的変数の中にも2種類の変数がある．1つめは，順序尺度の性質に加えて，
　　値の差に意味があり，0には相対的な意味しかない間隔尺度である（例：温度）．
　　2つめは比例尺度であり，間隔尺度との違いは0に絶対的な意味がある点である
　　（例：価格や身長）．

II.　政治的アクターの行動：理論分析

第4章
選挙と投票行動

1. 民主主義と選挙

(1) 選挙とは

　民主主義における選挙とはどのように位置づけられるのか．議会制民主主義においては，有権者は選挙により議員を選出し，選出された議員によって政策が決定される．つまり，選挙は有権者が自身の声を代弁してくれる候補者を選択し，議員を選出するという機能をもっている．選挙の後，政策導入の意思決定はしばしば議会の多数派を基盤に決定されるため，選挙は政府を決定する機能も果たしている．この考え方は，近代の民主主義の中ではどのように変化してきたのか．ジョセフ・シュンペーターとアンソニー・ダウンズを例に考えてみる．

　18世紀以降では，民主主義についていくつかの解釈が存在する．シュンペーターは，18世紀以前の古典的民主主義とは相対する主張として，「民主主義的方法とは，政治決定に到達するために，個々人が人民の投票を獲得するための競争的闘争を行なうことにより決定力を得るような制度的装置である」としている[1]．つまり，選挙はこの代表者を選出するための制度となる．ダウンズは，議会制民主主義では，「政府はどのように選択され」，「選択された政府はどのように行動するのか」，という観点から民主主義について分析している．

　ダウンズは民主主義を8つの要件によって規定しているが，本書ではその

中でも，特に「普通選挙によって選出された単独政党または政党の連立が政府となり，選挙において掲げた公約を実行する」という点に注目する．有権者と候補者または政党は合理的行動をとるとされ，有権者は自身の効用最大化行動，候補者または候補政党は得票最大化行動が仮定されている．つまり，選挙とは有権者の考えを代弁する代表者を選出するシステムであるが，それでは有権者はなぜ自身の未来を左右する投票を棄権してしまうのか．

(2) 日本における選挙・投票制度

　日本においては，選挙は公職者を選ぶという分け方と，どのような理由で選挙が行われるかという分け方がある．前者には衆議院議員総選挙，参議院議員通常選挙，一般選挙が当てはまり，後者にはその他の特別な選挙が当てはまる．まず，衆議院議員総選挙と参議院議員通常選挙について見ていく．

　衆議院議員総選挙は，総選挙ともよばれ，すべての衆議院議員を選出するための選挙である．選出方法には小選挙区選挙と比例代表選挙があり，定数に従って衆議院議員が選出される．衆議院議員は小選挙区選挙から選出される289名，比例代表選挙から選出される176名，合計465名が定数となる．また，衆議院議員の任期満了（4年）または衆議院の解散によって，小選挙区選挙と比例代表選挙が同日に行われる．

　参議院議員通常選挙は，衆議院議員総選挙とはいくつかの点で異なる．まず，参議院に解散はないため，参議院議員の任期満了は常に6年間となる．そして，参議院議員は3年ごとにその半数を入れ替えることが決められている．その理由は，議員の継続性を保つことで，議会や国会の機能の空白化を防ぐためである．よって，参議院議員通常選挙は3年に1回行われている．また，参議院議員通常選挙も，小選挙区選挙と比例代表選挙によって参議院議員を選出するが，比例代表選挙については衆議院議員総選挙とは選出の方法が異なる．

　原則，選挙において有権者は選挙期日に投票所へ向かい，その場で投票する．この原則は投票当日投票所投票主義とよばれる．しかし，現実には「当

日」に「指定された投票所」で投票することが困難な場合がある．そこで，投票日当日に投票所で投票することが困難な有権者を考慮した仕組みとして，期日前投票制度，不在者投票制度，在外選挙制度，特例郵便等投票制度などの投票制度が存在している．

(3)　有権者はなぜ投票するのか

　それでは，有権者はなぜ投票するのか．そして，有権者はなぜ投票を棄権するのか．この問いへの答えは十人十色であり，絶対的な答えを導き出すことは難しいだろう．しかし，低い投票率への対策や，高い投票率を維持するための議論をするには，これらの問題を一般化して考えることは重要となる．そのため，本章では経済学における期待効用仮説モデルを採用することで，ある一定の答えを導き出す．

　期待効用仮説とは，結果が不確実な状況において，人々は期待される効用，つまり期待効用を最大化させるという仮説である．結果が不確実な状況とは，ある現象の結果にはさまざまな要因が関係しており，その現象が発生するか，または発生したとしても，どのような結果になるかを予測することが困難である状況を意味する．これを不確実性とよぶ．期待効用仮説を理解するために，まず期待値と期待効用について説明する．

2.　有権者の投票行動

(1)　期待効用仮説

　期待値とは，一言で表すと「確率を考慮した平均値」である．例えば，あるコインを投げて，表が出る確率が50%，裏が出る確率が50%であり，表が出た場合の賞金は1000円，裏が出た場合の賞金は500円であるとする．この場合の期待値は，ある現象が発生する確率と，その現象から得られるものを掛け合わせ，全ての組み合わせを合計することで求められる．今回のケースでは，期待値は以下のように計算できる．

$$750 \text{円} = (\frac{1}{2} \times 1{,}000 \text{円}) + (\frac{1}{2} \times 500 \text{円}) \qquad (4\text{-}1)$$

　表が出る確率と表が出た場合の賞金を掛け合わせると 500 円，裏が出る確率と裏が出た場合の賞金を掛け合わせると 250 円であるため，合計金額の 750 円が期待値となる．期待効用仮説では，この期待値によって人々の行動を予測する．

(2)　期待効用

　次に，期待効用とは，効用の期待値を意味する．式（4-1）において，コインを投げた結果として得られる金額を効用と考え，さらにこのコインを投げるためには 600 円の費用がかかるとする．そのとき，（4-1）式は以下のようになる．

$$\text{コインを投げた場合}：150 \text{円} = (\frac{1}{2} \times 1{,}000 \text{円}) + (\frac{1}{2} \times 500 \text{円}) - 600 \text{円} \qquad (4\text{-}2)$$

$$\text{コインを投げない場合}：0 \text{円} = (0 \times 1{,}000 \text{円}) + (0 \times 500 \text{円}) \qquad (4\text{-}3)$$

　コインを投げる場合の期待効用は 150 円であり，コインを投げない場合の期待効用は 0 円である．なぜなら，コインを投げない場合はコインの裏と表のどちらも出ず，コインを投げる費用も発生しないため期待値は 0 円となる．そのため，期待効用仮説では，この設定においては，ある個人は「コインを投げる」ことを予測する．

　いくらまでならコインを投げる費用を出すかという問いについては，元々の期待値である 750 円未満ということになる．実際には半分の確率で 1000 円から 600 円を差し引いた 400 円を得ることができ，半分の確率で 600 円を支払い 500 円を受け取るので 100 円の損失となる．

　この状況において，リスクを避け，確実に期待値通りの金額である 150 円を受け取ろうと考える人を危険（リスク）回避的とよぶ．また，期待値通りの金額を受け取るのではなく，コインを投げた結果で賞金を受け取りたいと

いう人は，一般的にはギャンブル好きと考えられ，危険（リスク）愛好的と
よばれる．そして，コインを投げずに期待値通りの賞金を受け取ることと，
コインを投げた結果として賞金を受け取ることが無差別である場合，この人
は危険（リスク）中立的とよばれる．

(3)　合理的投票モデル

　有権者が投票から得られる効用はどのようなものであり，投票することで
支払う費用はどのようなものがあるのか．前述したように，ダウンズは投票
者の合理的行動を仮定し，期待効用仮説によって有権者が投票に参加するか
どうかを予測する理論モデルを構築した．この理論モデルは，ダウンズの
「合理的投票モデル」とよばれる．

　ある選挙において，候補者Xと候補者Yが立候補している状況を想定す
る．そして，ある1つの政策が争点になっていることを仮定する．ダウンズ
は，両候補者の公約から得られる効用の期待値の差についてのみ注目してい
た．ウィリアム・ライカーとピーター・オードシェックは，ダウンズのモデ
ルを拡張し，有権者が投票することによって得られる期待効用を，以下のよ
うに表現している．

$$E[V]=(B\times P)-C \qquad (4\text{-}4)$$

　E[ ]の表記は期待値を意味し，$E[V]$は投票（Vote）から得られる期待
効用を表している．$(B\times P)$は投票行動から得られる効用であり，Cは投票
にかかる費用であることは（4-2）式と同様である．

　投票から得られる効用についてであるが，Bは候補者Xと候補者Yそれ
ぞれの公約から「期待される」有権者の効用の差である．例えば，候補者X
の公約から得られる効用の増加分は10であり，候補者Yの公約から得られ
る効用の増加分は5であるとする．その場合，投票先は候補者Xとなり，
両候補者の公約から受ける効用の差であるBは，10から5を差し引いた5
となる．

また，P は有権者 i が投票することで，投票した候補者が当選する確率を示しており，0〜1（または 0〜100%）の値となる．違う言い方をすれば，有権者が選挙結果に影響を与えられる確率と考えても差し支えない．

最後に，C は投票にかかる費用を意味しており，時間的費用や機会費用も含まれる．この場合の機会費用は，投票に行かなかった場合に得られたはずのさまざまなものを，費用として換算したものを意味する．

（4）投票と棄権

合理的投票モデルでは，有権者は投票行動から得られる期待効用が正であった場合に投票する．別の言い方をすれば，投票行動から受ける恩恵よりも，投票行動にかかる費用の方が小さかった場合に投票する．つまり，$(B \times P) > C$，または $(B \times P) - C > 0$ の場合，有権者は投票する．そして，$(B \times P) < C$，または $(B \times P) - C < 0$ の場合，有権者は投票を棄権する．有権者が投票するためには，$(B \times P)$ が十分に大きいか，C が十分に小さいことが重要となる．

$(B \times P)$ はそれぞれが影響しあっているため，どちらも重要な要素であることがわかる．B は候補者 X と候補者 Y それぞれの公約から期待される有権者の効用の差であるため，両候補者の公約に大きな差がなければ限りなく小さい値となる．そのため，仮に自身の 1 票が投票先の候補者の当選を左右するとき，つまり P が 1（100%）に近い場合でも，B が限りなく 0 に近ければ，$(B \times P)$ も限りなく 0 に近づくことになる．次に，P の値であるが，一般的には限りなく小さく，自身がキャスティングボート（Casting vote）であれば大きくなる．キャスティングボートとは，賛成と反対が同数であった場合などに，議長や委員長などに与えられる決定権を意味する．

次に，C についてはどのようなものが当てはまるだろうか．まずは時間的費用が当てはまる．例えば，投票所までの距離が離れていたり，仕事や家事などで忙しく，少ない時間でも大きな負担として捉えたりすることも考えられる．また，機会費用も投票の費用となる．例えば，投票に行くことで，ア

ルバイトのシフトに入ることができず，日給 5000 円を得ることができな
かったとする．その場合，この 5000 円も機会費用として投票の費用となる．
　一般的に，B の値は大きくなる可能性があり，C の値も 0 ではないことが
想像できる．しかし，国政選挙や地方選挙において，P の値は限りなく 0 に
近い値になるはずである．なぜなら，有権者の 1 票が候補者の当選を左右で
きる確率は低いからである．国政選挙において，最後の投票者が投票するま
でに票が半分に分かれていた場合は P は大きくなるが，そのようなケース
が起こる確率は低いと考えられる．このような状況において，$(B×P)>C$，
または $(B×P)−C>0$ という，投票する条件を満たす候補者は存在してい
ないのではないか．さらに，理論的には $(B×P)<C$，または
$(B×P)−C<0$ であった場合は投票を棄権するが，現実ではこの理論的予想
よりも多くの人が投票している．このように，理論的予測と現実が相反する
状況を「投票棄権のパラドックス」とよぶ．それでは，この理論的予測には
何が不足しているのか．
　まず，日本における投票の仕組みは C を低下させていると考えられる．
例えば，ある有権者には投票日に仕事があった場合は，仕事を休む必要があ
り，C が大きくなることが予想される．しかし，期日前投票制度が存在する
ことによって，この有権者の C を限りなく 0 に近づけることができるかも
しれない．また，不在者投票制度や在外投票制度も同様に，有権者の投票費
用を下げられることがわかる．さらに，現在議論が進められているインター
ネット投票制度も，投票の費用を低下させる要因として考えられる．
　それでは，このような投票の仕組み以外にも，合理的投票モデルに含める
べきものはあるのだろうか．

3.　投票行動の動機

(1)　投票への義務感
投票から得られる期待効用に影響を与える要因として B，P，C のみがモ

デルに含まれていたが，投票棄権のパラドックスによってこの理論モデルにはいくつかの要素が足りない可能性が明らかとなっているため，この足りない要素を総称して長期的利益（D）とする．

$$E[V] = (B \times P) - C + D \qquad (4\text{-}5)$$

D は，投票行動自体から得られる効用の増加分を意味している．そして，この D については，いくつかの解釈が可能となる．1つめは，投票に参加することで満足感や達成感が得られるという解釈である．2つめは，義務感から投票する場合が考えられる．投票への義務感から投票した場合は効用を増加させ，投票しなかった場合は効用が減少することが予想される．そのため，限りなく自身の投票が結果を左右する可能性が低い場合，つまり（$B \times P$）が 0 であった場合でも，$C < D$ が成立する限り投票することとなる．それでは，この投票への義務感はどのように発生するものなのか．その要因の1つとして，集団内の倫理に基づく義務感がある．

集団内の倫理に基づく義務感とは，ある集団内で作られた規則やルールに基づいて行動するべきだと感じることで D が増加する，つまり投票への義務感や投票から得られる効用が増加することを意味する．例えば，喫煙の有無や，銃規制など，有権者の立場が明確な状況において，賛成派と反対派はそれぞれ集団として考えられる．そして，銃規制に賛成する人々は「銃の保有は治安維持を阻害する」，「治安維持のためには声を上げなくてはいけない」という義務感によって投票することが考えられる．逆に，銃規制に反対する人々は，「銃の保有によって自分の身は自分で守る必要がある」，「自分たちの安全のためには声を上げなくてはいけない」という義務感によって投票することが考えられる．このように，それぞれの集団内で特定の規則・ルールによって集団内の考えがまとまり，その考えを投票によって伝えるために D が増加する．

(2)　投票棄権への罰則

　投票への義務感は，罰則などによっても発生する．ある集団において，投票の棄権への罰則がある場合，D はどのように変化するのか．例えば，ある統制された集団において，リーダーとその他の構成員がいるとする．このリーダーは，ある特定の候補者を支持しており，構成員にはこの候補者への投票を促すことが考えられる．そして，投票を棄権した場合は，金銭的・非金銭的罰則を与えるとし，投票を強制させることも考えられる．このとき，投票することで D は増加する．なぜなら，投票することで，投票しなかったことへの罰則を回避できるからである．このように，ある集団において，リーダーなどによって投票を強制されたりすることで発生する義務感を，集団に基づく義務感とよぶ．

　ある集団には，国も含まれる．まず，義務投票制を採用している国と，採用していない国では，D の大きさが異なるため，一国の投票率にも差が出ることがわかる．次に，義務投票制を採用している国の中で，罰則がある国と，罰則などの制裁がない国が存在している．イタリア，コスタリカ，ドミニカ共和国，メキシコなどの国では罰則がないため，罰則があるアルゼンチン，ウルグアイ，ギリシャなどの国と比較すると相対的に D が小さいと考えられる．また，罰則の種類についても，罰金，禁錮刑，選挙人名簿からの抹消など，さまざまな制裁が存在している．

(3)　投票行動への後悔

　行動経済学の考え方の 1 つに，行動非行動の法則というものがある．これは，行動した時の後悔と，行動しなかった時の後悔では，後者の方が大きいというものである．そのため，行動しないで後悔するよりは，行動して後悔した方がよいという結論となる．公共選択論では，この後悔という概念を含んだ理論モデルが存在する．

　モリス・フィオリナとジョン・フェアジョンは，有権者は投票結果から得られる利益よりも，投票の有無によって被る損失を計算し，後悔（リグレッ

ト）を最小化するように行動するとした．これをミニマックス・リグレット戦略とよぶ．表4-1には，自身の投票が選挙結果を左右する場合としない場合について，投票したときと棄権したときに，それぞれどのように後悔するかがまとめられている．

　まず，投票するケースでは，自身の投票が選挙結果を左右する状況では，投票することによって期待される効用を得られるため後悔は0となる．しかし，自身の投票が選挙結果を左右しない状況においては，投票しても得られるものは限りなく0に近いため，投票の費用である C を支払ったことを後悔する．

　次に，棄権するケースでは，自身の投票が選挙結果を左右する状況において，自身が棄権することにより支持する候補者は落選するため，得られなかった $B-C$ の分だけ後悔する．$B-C>0$ の場合は後悔し，$B-C \leq 0$ の場合は後悔しないことになる．また，自身の投票が選挙結果を左右しない状況では，投票にかかる費用は発生しないため後悔は0となる．

　投票の後悔の最大値は C であり，棄権の後悔の最大値は $B-C$ であることから，$B-C>C$，つまり $B>2C$ という状況において棄権行動への後悔は最大になる．そのため，この状況においては「投票」することがミニマックス・リグレット戦略となる．

　いずれのモデルでも，投票の費用を分析対象としている．しかし，現実の選挙において，有権者は B と P についての情報を収集し，時間をかけて投票するかどうかを決定する．そのため，投票行動より前の段階でも費用がかかっていることがわかる．ダウンズは，有権者はこの選挙前の費用を最小化

表4-1　ミニマックス・リグレット戦略

	投票	棄権
自身の投票が選挙結果を左右する．	0	$B-C$
自身の投票は選挙結果を左右しない	C	0
後悔の最大値	C	$B-C$

出典：筆者作成．

するように行動し，結果として正確な B を把握しないまま投票することが，合理的な行動となってしまうことを指摘した．これを合理的無知とよぶ．

注
1)　Shumpeter（1942）（中山・東畑訳［1995］503 ページ）．

第5章
選挙と投票先の選択

1. 投票先の決定

(1) 候補者の公約

　一般的に，選挙において多くの有権者は投票または投票の棄権を判断するために，候補者の公約や，政治家としての資質，候補者が所属する政党の政治思想などの情報を収集することが想定される．合理的投票モデルでは，候補者間の公約の違いについて判断できることが重要であったが，有権者はどのように候補者の公約を理解し，投票先を決定するのか．

　NHK は，2021 年の衆議院議員総選挙における各党の公約についてまとめている．同年の衆議院議員総選挙において主な争点と考えられていたのは，新型コロナウイルス，経済政策，年金・社会保障など 8 項目であった．また，2017 年の衆議院議員総選挙における主な争点の分類に，新型コロナ対策，子育て支援，ジェンダー・多様性などは含まれておらず，時代背景によって争点も変化することが理解できる．そして，多くのインターネットサイトなどで政策別に各党の公約がまとめられており，有権者の情報収集に費やす費用は以前と比較すると低くなっていることが予想される．

(2) 候補者の資質

　投票先の決定において，政党単位ではなく個人が発信する公約や，政治家としての資質も重要となる．しかし，この候補者の資質についての情報を収

集することは容易ではない．まず，候補者の提示する公約は，有権者からの
票を得ようとして考えられたものなのか，それともより良い社会の達成のた
めに考えられたものなのかを見極める必要がある．選挙での当選のみを目的
とした公約は，当選後に実行されない可能性もあるため，公約の内容も重要
であるが，政治家の姿勢についての情報も必要となる．そのためには，候補
者の今までの経歴や業績を知ることが重要となる．しかし，実際には情報の
非対称性があるため，正確な情報を提供する制度・システムが必要となる．

　候補者の政治に関するイデオロギー（政治的意見）について知ることも重
要である．本書における政治に関するイデオロギーとは「政党などの組織的
な集団が自己を正当化するための手段であり，有権者の支持を獲得すること
を目的に，どのような社会が望ましいかを示したもの」である．イデオロ
ギーの分類として，右・中道・左といった分け方や，保守・革新といった分
け方がある．右は保守ともよばれ，古くからの伝統，制度，考え方などを尊
重する立場である．一方，左は革新ともよばれ，既存の制度や考え方などを
変革しようとする立場である．それでは，なぜ候補者のイデオロギーを知る
ことは候補者選択に役に立つのか．その理由は，心理学の用語であるヒュー
リスティックス（Heuristics）が関係している．

　ヒューリスティックスとは，発見的手法ともよばれ，自身の経験や先入観
などから答えを導き出そうとする思考法である．例えば，ある有権者のイデ
オロギーが革新であった場合，保守の候補者よりも革新の候補者の方がこの
有権者の望む政策を導入する可能性は高いと考えられる．そのため，公約な
どの情報が入手できない場合において，イデオロギーは，ヒューリスティッ
クスを通じて投票先決定の費用を低下させることがわかる．しかし，イデオ
ロギーのみによって候補者を選択することは情報収集などの費用は低いが，
精度が高いとはいえない点に注意する必要がある．

(3)　情報の偏り

　インターネットの情報については，情報収集にかかる費用が低いという利

点があるが，自身で情報の内容や真偽について判断しなければならない場合がある．ここでは，フェイクニュース，エコーチェンバー（共鳴室）現象，Bot（ボット）という現象によって情報収集の費用が上昇することについて考える．

　災害，芸能関係，そして選挙において SNS 等ではフェイクニュースが横行している．例えば，2020 年のアメリカ大統領選では，当時候補者であったドナルド・トランプがジョー・バイデンに関するフェイクニュースを流したとして話題になった．また，同年の大阪都構想の賛否を問う住民投票においても，Twitter などの SNS において根拠が不確かな情報，誇張された情報，陰謀論などを含めたフェイクニュースが拡散され，有権者はどの情報が正確かを把握することが困難となっていた．さらに，正しい情報よりもフェイクニュースの方が多くの人に届いてしまう危険性や，正しい情報よりもフェイクニュースの拡散速度の方が早いことが指摘されている[1]．

　次に，政治や選挙におけるエコーチェンバー現象について考える．例えば，SNS 等で自分と似たような意見（犬よりも猫が大好き，サッカーよりも野球が大好き等）を持つ人とつながると，同じ意見が次々と表示され，最終的にその考えに固執してしまうことがある．このことをエコーチェンバー現象とよぶが，社会の偏見を増幅する可能性があるため，選挙等において問題になる可能性があると言われている．

　最後に，Bot が投票先選択に与える影響について考える．Bot とは，あらかじめ設定された特定の単語を含む投稿を自動的にリツイート（再投稿）するプログラムや，問い合わせフォームなどの内容を解読し質問へ自動に回答するようなプログラムを意味する．例えば，日本の 2014 年の衆議院議員総選挙に関連する約 54 万の Twitter の投稿を確認したところ，そのうちの約 14 万の投稿に関しては 3700 程度のオリジナル（人間）の投稿が Bot により拡散されていただけであった[2]．このように，支持者が多く存在するように錯覚させたり，情報の信頼性を高めたりするために Bot が設定されていることがあるため，SNS などの投稿から情報を得るときには注意が必要となる．

2. 経済的要素と投票先の決定

(1) 有権者の性質

　一般的に，有権者は多くの要素を考慮して投票先を決定するが，ここでは有権者の行動を簡素化して投票先の決定についての理論モデルを設定する．これはダウンズの政党間競争モデル（Downsian model of party competition）とよばれる．

　まず，有権者が投票先を決定するタイミングであるが，2人の候補者が提示する公約を確認した後に，投票する候補者を選択することを想定する．この候補者は，自身の当選確率を最大化させるように行動する．不確実性を排除するために，候補者は当選後に必ず公約を守り，公約通りに行動すると仮定する．そのため，有権者は候補者の公約のみを参考にして投票先を決定する．候補者がどのようにして公約の内容を決定するかは，第6章3節 (2)で説明する．

　次に公約の内容であるが，議論を簡素化するために，公共財の供給量についての政策が争点となっていることを想定する．例えば，道路や公共施設の建設や，教育費の拡充など，公共財としての性質を有するものについての政策が唯一の争点になっていると仮定する．ここで重要となるのが，一般的に公共財の支出は税金によってまかなわれている点である．公共財供給を望む一方で，税金の負担は望ましくないため，それぞれの有権者の所得に応じて最適な公共財供給に関する選好が決定される．そして，最も自身の選好と近い政策を公約として掲げる候補者へ投票することになる．

　それでは，理論モデルではどのように表現できるのか．理論モデルの説明を行う前に，理論モデルの仮定を理解するために必要となる単峰型選好について説明する．

（2）　単峰型選好

　単峰型選好（Single-peaked preference）の概念を理解するために，個人 1，個人 2，個人 3 の趣味について考えてみる．3 人のゴルフ，スキー，テニスについての選好の順序は以下の通りとする．

個人 1：1 位（テニス），2 位（スキー），3 位（ゴルフ）

個人 2：1 位（スキー），2 位（テニス），3 位（ゴルフ）

個人 3：1 位（ゴルフ），2 位（スキー），3 位（テニス）

　縦軸に選好の順序，横軸に趣味の選択肢を並べると，図 5-1 ①の通りとなる．単峰型選好とは，ある選択肢の集まりにおいて，すべての個人に関してその順位と選択肢が対応する点を結んだとき，頂点が 1 つのみ存在し，頂点から離れるほどその選択肢の選好順序は低くなることを意味する．個人 1 と個人 3 は両端が頂点であり，離れるほど選好の順位が低くなっている．また，個人 2 は真ん中の選択肢が頂点になっており，両端の選択肢はどちらも頂点よりも低くなっている．

　この単峰型選好が満たされている場合，コンドルセ投票を行うことで，コンドルセ勝者が存在することがわかる．コンドルセ投票とは，2 つの選択肢

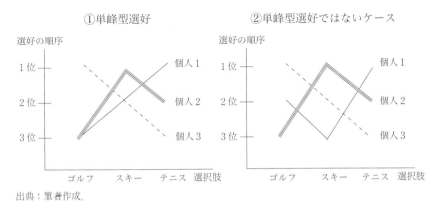

出典：筆者作成．

図 5-1　単峰型選好

ごとに投票を行い，勝ち抜き戦を行う方法である．コンドルセ投票において
必ず勝利する選択肢がコンドルセ勝者となり，勝者を決定することが可能と
なる．

今回のケースでは，テニスとスキーへの投票ではスキーが勝ち，テニスと
ゴルフへの投票ではテニスが勝つため，スキーとゴルフへの投票ではスキー
が勝つことがわかる．つまり，推移性が満たされており，スキーがコンドル
セ勝者になる．

それでは，どのような場合に単峰型選好は満たされていないのか．

3人のゴルフ，スキー，テニスに対する選好について，個人1の選好のみ
が変化し，選好の順序が以下の通りに変化したとする．

個人1：1位（テニス），2位（ゴルフ），3位（スキー）

新しい選好の順序は，図5-1②の通りとなる．個人2と個人3は単峰型選
好を満たしているが，個人1は真ん中の選択肢が谷となっており，右側に1
番目，左側に2番目に高い点がある．この場合，頂点から離れるほど選好の
順序が低くなるという条件を満たしていないことがわかる．つまり，個人1
は単峰型選好を満たしていない．この状況において，コンドルセ投票を行っ
た場合，どのような結果になるだろうか．

今回のケースでは，テニスとスキーへの投票ではスキーが勝ち，テニスと
ゴルフへの投票ではテニスが勝つが，スキーとゴルフへの投票ではゴルフが
勝つことがわかる．つまり，「じゃんけん」と同じように推移性が満たされ
ておらず，勝者が決定されない状況が続いてしまう．このような状況を，投
票のパラドックスとよぶ．

（3） 有権者の効用

ここからは，n人の有権者が存在する世界を想定する．有権者は選挙を前
に，自身にとって最適な公共財の供給量を選択する．この公共財の供給量の
決定は，1人あたりの税金（g）を決定することも意味している．有権者は

公共財の消費の他に，私的財の消費（c）についても考えている．このとき，有権者 i の効用（U）は次のように表現できる．

$$U^i(c,g)=c^i+H(g) \qquad (5\text{-}1)$$

（5-1）式の左辺は，有権者の効用は私的財と公共財の消費によって決定されることを意味しており，右辺はどちらの消費増加も効用を増加させることを示している．私的財は，公共財とは逆に，競合性と排他性を有する財のことである．$H(g)$ は公共財の供給量であり，公共財への歳出（納税額）g が決定されることで公共財の供給量が決定されることを示している．また，公共財の供給量への選好については単峰型選好が仮定されている．このとき，公共財への歳出である g を満たすためには，以下の所得税率（τ）を設定する必要がある．

$$\tau=g/y \qquad (5\text{-}2)$$

y は一国の総所得を意味しており，すべての有権者の所得税率は等しいとする．そして，有権者 i の私的財消費は以下の通りに決定される．

$$c^i=(1-\tau)y^i \qquad (5\text{-}3)$$

つまり，所得税分の金額が差し引かれた可処分所得が消費に回されることがわかる．また，有権者 i の所得が一国の総所得である y に占めるシェアを w^i，中位（中央値の）所得者のシェアを w^m，平均所得者のシェアを w^{ave} としたとき，有権者 i の所得は以下のように表すことができる．

$$y^i=w^i y, (w^i+\cdots+w^n=1) \qquad (5\text{-}4)$$

そして，中位所得者よりも平均所得者のシェアの方が大きいことを仮定する．つまり，$w^m<w^{ave}$ となる．以上のことから，有権者 i の私的財の消費は以下のように表すことができる．

$$c^i = y^i - w^i g \qquad (5\text{-}5)$$

最終的に，最適な公共財供給への有権者 i の選好は以下の通りとなる．

$$W^i(g) = y^i - w^i g + H(g) \qquad (5\text{-}6)$$

有権者 i はそれぞれの選好に従い，(5-6) 式を最大化させるような公共財供給の供給水準を決定する．ここで考えるべきことは，中位所得者よりも平均所得者のシェアの方が大きいという点である．なぜなら，政治家の公約は中位投票者へ偏るため，今回のケースではより低い所得層が望む政策へ偏る可能性があるからである．この理由は，有権者は自身の選好に近い政策を支持するため，中位所得者が支持する政策を公約として掲げることで当選確率が高まるからである．これを中位投票者の定理とよぶ．この点については第6章2節で改めて考えることとする．

3. 非経済的要素と投票先の決定

(1) 有権者のイデオロギー

前節では，有権者は自身の所得を所与とし，望ましい公共財の供給水準，つまり政策のみを考慮して候補者を選択するモデルについて考えた．しかし，本当に有権者は候補者の公約のみを参考に投票先を決定するのか．ここからは，前項の分析に，イデオロギーの要素を加えることで，所得が同じでもイデオロギーの違いで投票先も変化することについて考える．

第1節でみたように，イデオロギーには，右・中道・左や，保守・革新などの分類がある．理論的には，有権者のイデオロギーと候補者のイデオロギーの近接性について，上記の分類によって分析することは可能である．

二大政党制を例に考えてみる．現政権である政党Aと，野党である政党Bが存在している．現政権は保守であり，野党は革新である．有権者は自身が保守的なのか，それとも革新的なのかという判断が可能であるとする．こ

のとき，社会保障，安全保障，通商政策，財政政策など多くの政策的議論が
存在する選挙において，有権者は各党の政策の内容に加えて，政党のイデオ
ロギーによって投票先を判断することが考えられる．現実では，政策の違い
を判断できず，有権者は自身のイデオロギーと政党のイデオロギーの一致に
より投票する可能性もある．その意味において，やはり有権者のイデオロ
ギーと政党や候補者のイデオロギーを分析に加えることは必要である．実際
には，上記の分類によって自身のイデオロギーを特定することが困難な場合
があるが，本章ではこのイデオロギーを簡素化し，有権者の投票先の決定に
どのように影響するかについて考える．

(2)　確率的投票モデル

　確率的投票（Probabilistic voting model）モデルは，有権者の性質としてイ
デオロギーなどを含むことで，中位投票者の決定について不確実性が存在す
ることを明示している．また，本モデルは投票先の決定には多くの要素が影
響を与えていることを考慮し，経済的要素や政策的要素以外の要素をモデル
に組み込むことで，選挙結果や政治的結果の不偏性を説明するものである．
さらに，本モデルはコンドルセ勝者が存在しない状況においても，イデオロ
ギーなどの追加的な要素が作用することで結論が導き出されることを示して
いる．

　まず，有権者を高所得(1)，中所得(2)，低所得(3) の3つのグループに分
ける．それぞれのグループの中における個々人の所得は等しいものとする．
また，全有権者に占める所得レベルjの人口の割合はα^jであり，$\sum_{j=1}^{3} \alpha^j = 1$
となる．2人の候補者が出馬している状況において，候補者Pが当選した場
合の有権者iの効用は以下の通りとなる．

$$W^j(g_P) + \sigma_P^{ij} \qquad (5\text{-}7)$$

　このとき，σ_P^{ij}は，所得レベルjである有権者iの候補者Pへのイデオロ
ギーに関する選好である．(5-7) 式のWは (5-6) 式と同様のものであり，

（5-7）式には，所得レベル j と候補者 P の要素が加わっているため，このような式となっている．効用に関しては，所得レベル j 内では共通である．しかし，イデオロギーに関しては，所得レベル内でも個人によって異なっている．つまり，（5-7）式の第1項は候補者 P が提示する公約によって達成される所得レベル j に属する人の効用であり，第2項は所得レベル j に属する個人 i の候補者 P へのイデオロギーに関する選好である．

候補者 A と候補者 B が立候補している状況において，所得レベル j である有権者 i は，以下の条件下において候補者 A へ投票する．

$$W^j(g_A) + \sigma_A^{ij} > W^j(g_B) + \sigma_B^{ij}$$
$$\Leftrightarrow$$
$$W^j(g_A) > W^j(g_B) + \sigma^{ij} \qquad (5\text{-}8)$$

このとき，$\sigma^{ij} = \sigma_B^{ij} - \sigma_A^{ij}$ である．つまり，有権者 i の政策以外の選好は，この値が正であった場合候補者 B へ，負であった場合は候補者 A へ傾いていることを意味する．各所得グループの中でも，政策以外の選好は異なるため，所得のみでは有権者の投票先は予測できない状況となっている．これが確率的投票モデルである．これらの点については，第6章で改めて考える．

（3）浮動票投票者

次に，σ は以下の条件で一様分布（Uniform distribution）となっていることを仮定する．

$$\left[-\frac{1}{2\varphi^j}, \frac{1}{2\varphi^j} \right] \qquad (5\text{-}9)$$

この分布は，図5-2のように表現することができる．左側は政策以外の候補者 A への選好の偏り，右側は候補者 B への偏りを意味する．四角の面積は人口を意味しており，縦幅は φ^j，横幅は（5-9）式によって決定されている．縦幅と横幅は連動していることから，どちらかの増加は逆側の減少を意

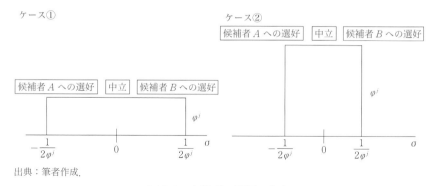

出典：筆者作成.

図 5-2　有権者の選好の分布

味する．そのため，各候補者への偏りが少ない場合は，中立的な有権者，つまり中央に位置する有権者が増加することを意味する．

　現実には，イデオロギーなどの経済的要素以外の選好は限りなく0に近く，政策的な判断のみによって投票する有権者も存在する．例えば，世論調査において「支持する政党なし」と回答する有権者などが当てはまると考えられる．図 5-2 において，ケース①とケース②では一様分布の形が異なり，ケース①と比較してケース②は中立的な有権者の割合が大きくなっている．現実にもイデオロギーなどの経済的要素以外の選好について偏りがなく，経済的要素以外の選好が強い人と比較して，投票先が揺れ動く可能性の高い人が存在している．このように，$\sigma^{ij} = \sigma_B^{ij} - \sigma_A^{ij} = 0$ である有権者を浮動票投票者（Swing voter）とよぶ．

　所得レベルによってこの縦幅と横幅は異なる，つまりどの程度の有権者が，どの程度各候補者へ偏っているかが異なる．例えば，高所得層と比較して低所得層に浮動票投票者が多い場合や，その逆も考えられる．このような状況において，候補者はどのように公約を決定するのか．

　次章では，選挙の候補者や政治家について，公約や政策決定のメカニズムについて考える．

注
1)　詳細は Vosoughi, E. et al.（2018）を参照.
2)　詳細は Schäfer, F. et al.（2017）を参照.

第6章
選挙と政治家の公約

1. 選挙運動

(1) 日本の議会制民主主義

　現在，民主政治はさまざまな国で定着している．この民主政治の形態は，主に直接民主制と議会制民主主義（間接民主制）に分けられる．直接民主制は，すべての有権者が集まり，そこで政策的課題について議論したり，実際に法律を制定したりする形態である．また，議会制民主主義は，有権者が立候補者の中から代表者を選出し，その代表者を通じて一国の政策的課題の解決や関連する法律を制定する形態である．現代において，この議会制民主主義は統治方法によって分けることが可能であり，主に議院内閣制と大統領制に分類される．

　議院内閣制では，まず有権者が選挙によって議員を選出する．日本では，衆議院議員総選挙と参議院議員通常選挙が該当する．そして，選出された議員によって構成される国会で首相を選出し，首相が組閣を主導し，組閣させることで行政権（執政権）を行使している．大統領制とは，有権者が選挙によって議員と大統領を選出する．例えば，アメリカでは連邦議会議員選挙や大統領選挙が該当する．議院内閣制との違いは，大統領制では立法権は議会に，行政権は大統領に任せるという点である．前述の通り，有権者が議員と大統領をそれぞれ選出するため，議員が内閣総理大臣を選出する議院内閣制と比較して，権力の分立がより徹底されている．つまり，議院内閣制と大統

領制の違いの1つは，執政の選出方法とも考えられる．

(2) 政党への所属

　日本は議院内閣制を採用しており，有権者は候補者（政治家）を通じて議会へ声を届けることになる．それでは，候補者はどのような目的で選挙へ立候補するのか．一般的に，社会をより良くするために活動する政策志向型と，選挙において当選・再選するために活動する政権志向型が存在する．しかし，政策志向型の候補者も，選挙において当選しない限りは議会で発言することも，法律の制定に関わることもできない．そのため，いずれの候補者（政治家）も，選挙においては当選確率を最大化するよう行動すると考えられる．このとき，政党への所属は重要な要因の1つとなる．

　一般的に，新規の候補者は自身のイデオロギーに合った既存の政党への所属，新党の立ち上げ，または無所属として選挙へ立候補することになる．政党とは，政治や社会問題に対して同じ意見を持つ人々が集まり，理想の考えを実現するべく共同で活動する団体を意味する．政党へ所属することで，イデオロギーを間接的に公表することにもなる．選挙において当選確率を最大化させるためには，各党の公認候補となることが重要となる．一方，ある政党への所属は対立する政党の支持層を失う可能性もあるため，これらの要因を複合的に判断し，既存政党への入党，新党の立ち上げ，無所属として活動することのいずれかを選択すると考えられる．

(3) 立候補の方法

　国政または地方選挙に立候補する場合，大前提として被選挙権を有する必要がある．まず，全ての選挙において日本国民であることが条件とされている．次に，年齢制限であるが，衆議院議員，都道府県議会議員，市区町村長，市区町村議会議員は満25歳以上，参議院議員と都道府県知事は満30歳以上が条件となっている．加えて，都道府県議会議員は当該都道府県議会議員の選挙権，市区町村議会議員は当該市区町村議会議員の選挙権を有しているこ

とが条件とされている.

　また，立候補するためには供託が必要となる．供託とは，立候補者が一定額の現金または国債証明書を法務局へ預け，預けたことを証明する証明書を提出する制度である．選挙へ立候補するために供託が必要となることで立候補できる人が減少してしまうので，供託は不要であるという考えもある．しかし，この供託という制度は，売名目的で立候補する人への抑止力となっていることから必要な制度であると理解できる.

　選挙へ立候補する場合，候補者は自身の政治家としての資質や，公約を掲げることで有権者へアピールする．それでは，この候補者はどのような有権者を対象として選挙活動を行うのか.

2.　中位投票者の定理

(1)　選好の分布

　候補者の公約に対する有権者の選好は，しばしば左から右への連続体で表現される．例えば，増税に反対・賛成という考えや，憲法改正に反対・賛成といったテーマが考えられる．このように，左から右への連続体による表現は，社会保障，国防，外交などのあらゆる分野において適用できる考え方である.

　図6-1では，両極端にＡとＺという考えがあり，曲線によってＡからＺ

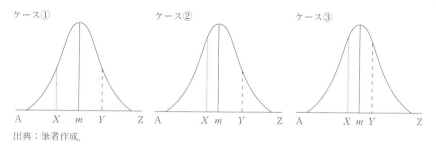

出典：筆者作成.

図6-1　選好の分布と公約の変更

までの考えを支持する人口の分布が表されている．また，m は中位投票者を意味し，X は候補者 X，Y は候補者 Y の公約の位置を示している．

　ケース①では，候補者 X は左寄り，候補者 Y は右寄りの公約を掲げているが，中位投票者までの距離は等しいものとする．そのため，中位投票者から左半分は候補者 X，右半分は候補者 Y へ投票することになる．このとき，候補者が自身の当選確率を最大化させるように行動すると仮定した場合，候補者の戦略や，このゲームのナッシュ均衡はどの選択肢となるだろうか．

(2) 候補者のターゲット

　再びホテリングの立地モデル（図3-2参照）を用いて，候補者の行動を考えてみる．第3章では，国道沿いにコンビニエンスストアを出店する A 店と B 店についてのゲームが描かれていた．最終的にどちらの店舗も中央へ立地するインセンティブが発生するため，このゲームのナッシュ均衡は両店舗が中央に立地するケースであることを説明した．ここからは，候補者の目的は当選確率の最大化と仮定し，このホテリングの立地モデルの考え方を使用することで，候補者がどのように戦略的に公約を変化させるかについて検討してみる．

　各候補者は自身の政策の「位置」を変更させることで，より多くの票を獲得しようと試みる．各候補者が同時に意思決定を行うゲームの場合，各候補者の戦略がお互い最適となっている状態がナッシュ均衡となる．有権者は自身の選好と最も近い候補者へ投票するため，図6-1ケース①の状態においては，どちらの有権者も中央よりに公約を移動させるインセンティブが働く．そのため，この状態はナッシュ均衡とはならない．

　次に，候補者 X がより中央へ公約を移動させる図6-1のケース②について考える．候補者 X がより中央へ公約を移動させた場合，両候補者の中間地点から左半分は候補者 X の得票となるため，ケース②では候補者 Y に，より中央へ公約を移動させるインセンティブが発生する（図6-1のケース③）．そのため，このケースもナッシュ均衡とはならない．中位投票者が選

好する公約へ移動させるインセンティブが発生するため，最終的にどちらの候補者も中位投票者が選好する公約を掲げることがナッシュ均衡となる．

　このように，中位投票者が選好する公約は，他のどの選択肢と比較しても当選確率を最大化させることができる．つまり，中位投票者の選好する公約はコンドルセ勝者となることがわかる．このことを中位投票者の定理とよぶ．

(3)　棄権行動

　候補者は，中位投票者が選好する公約を掲げることで自身の当選確率を最大化させる．そのため，中位投票者の属性に合わせた公約が掲げられることがわかる．図6-2では，左側に若年層，右側に高齢層が選好する政策が連続体として表現されている．

　例えば，それぞれの連続体は左から20代以下，30代，40代，50代，60代以上の分布を表しているとする．この場合，左側に重視される政策は教育などが当てはまり，右側に重視される政策は社会保障制度や医療サービスの

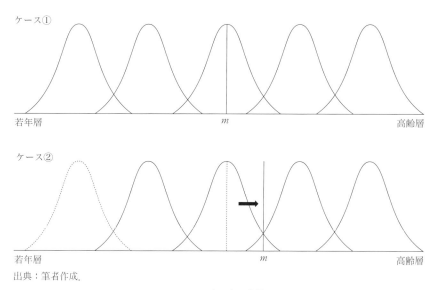

出典：筆者作成．

図6-2　投票の棄権

拡充などが当てはまる．図6-2のケース①では，中位投票者は40代であり，選挙においては若年層と高齢層の間の世代をターゲットとした公約が掲げられることが示されている．しかし，本当にこの解釈は正しいのか．ここでは，日本の社会問題である少子高齢化と若年層の低投票率が，中位投票者の位置に与える影響を考える．

　現在，日本は少子高齢化問題に直面しているため，人口全体に占める若年層の割合は低い状況である．そのため，日本において，図6-2のケース①の分布は左から30代以下，40代，50代，60代，70代以上のように解釈できる．中位投票者は先程の40代から50代へ移行し，より高齢層向けの公約が掲げられる可能性があることがわかる．さらに，実際の選挙においては，若年層の低投票率が顕著となっている．つまり，人口比に加えて，若年層の低投票率により，日本における政策はより高齢層をターゲットとした内容になることが理論的に予測される．投票の棄権行動により中位投票者が移行し，本来望ましいとされる政策から，特定のグループへ偏った政策になる危険性があるといえる（図6-2のケース②）．

3．公約の提示

（1）　公共財の供給

　候補者は中位投票者が望む政策をターゲットとして公約を掲げるが，数理モデルではどのように表現できるのか．ここでは，第5章2節（3）や3節（2）の考え方をもとに，ダウンズの政党間競争モデルを用いて候補者の戦略について検討する．

　候補者Aと候補者Bは，それぞれの公約であるg_Aとg_Bを掲げる．有権者たちはそれぞれの選好に最も近い公約を提示する候補者へ投票すると仮定する．このとき，候補者Aと候補者Bの公約を所与としたとき，有権者iの効用はそれぞれ以下のように表現できる．

$$W^i(g_A) = y^i - w^i g_A + H(g_A) \qquad (6\text{-}1)$$

$$W^i(g_B) = y^i - w^i g_B + H(g_B) \qquad (6\text{-}2)$$

(6-1) 式および (6-2) 式は，第 5 章 (5-6) 式に g_A および g_B を代入したものである．左辺の効用は従属変数であり，右辺の各要素は独立変数となる．そして，以下の条件であった場合，有権者 i は候補者 A へ投票する．

$$W^i(g_A) > W^i(g_B) \qquad (6\text{-}3)$$

また，逆の場合は候補者 B へ投票する．このとき，候補者 A が当選する確率 P_A は以下のように表記できる．

$$P_A = \left\{ \begin{array}{l} 0 \text{ if } W^m(g_A) < W^m(g_B) \\[2mm] \dfrac{1}{2} \text{ if } W^m(g_A) = W^m(g_B) \\[2mm] 1 \text{ if } W^m(g_A) > W^m(g_B) \end{array} \right. \qquad (6\text{-}4)$$

有権者 m は中位投票者を意味する．つまり，中位投票者の選好が候補者 A の公約よりも候補者 B の公約に近い場合，当選確率は 0 となる（$P_A=0$）．逆に，中位投票者の選好が候補者 B の公約よりも候補者 A の公約に近い場合，当選確率は 1 となる（$P_A=1$）．どちらの候補者もこの事実を知っているため，当選確率を最大化させるために中位投票者が望む政策を公約として掲げる．両候補者にはこの状態から公約を変化させるインセンティブはないため，この状態がナッシュ均衡となり，両候補者の当選確率は 2 分の 1 となる（$P_A=P_B=1/2$）．

　しかし，このダウンズモデルは完全情報を仮定しているため，現実世界を完全には描写できていない．そこで，有権者と候補者の間に，「イデオロギー」に関する情報の非対称性を仮定し，不確実性を組み込んだ確率的投票モデルを再度確認する[1]．

(2) イデオロギーの存在

確率的投票モデルでは，候補者の公約に対する選好の他に，候補者のイデオロギーへの選好という要素が含まれている．そのため，中位投票者が望む政策を提示したとしても，当選確率を最大化させることができないケースがある．両候補者が同じ公約を掲げた場合，有権者はイデオロギーのみを参考に投票先を決定するため，このイデオロギーへの選好についての分布を把握する必要がある．つまり，確率的投票モデルでは，むしろ浮動票投票者の存在が重要となる．

図6-3には，第5章のモデルと同様に，低所得者層，中所得者層，高所得者層のイデオロギーに関する分布が描かれている．今回のケースでは，低所得者層と中所得者層は相対的にイデオロギーの選好が左右に分かれており，高所得者層については相対的に中央に選好が集まっている状況である．

このような状況において，当選確率を最大化させるために，候補者はどのような公約を掲げるのか．1つめに考慮する要素は，経済的要素，つまり各所得層が選好する政策についてである．ここでは，公共財の供給について，各所得層の中ではすべての個人は同じ選好を持つことが仮定されていた．2つめに，各所得層の人口規模を考慮する．3つめに，各所得層のイデオロギーに関する選好の分布である．このイデオロギーについては，公共財の供

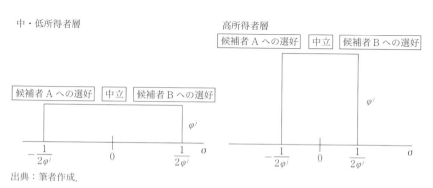

出典：筆者作成．

図6-3　政治的イデオロギーについての選好の分布

給量とは異なり，各所得層内において個人差があるため，当選確率の最大化に対して不確実性が発生する．

　例えば，図 6-3 においては，中・低所得者層と比較して，高所得者層において浮動票投票者がより多く存在していることがわかる．つまり，仮に全人口に占める各所得者層の割合が等しかった場合，候補者の公約は高所得者層が望むものに偏る可能性がある．上記の 3 つの要素を総合的に判断することにより，候補者は当選確率を最大化させることになる．

(3)　現実の政治家の行動

　現実の政治家の行動を考えるために，選挙における公約の内容と，公約や政策の内容が時系列で変化するかどうかについての分析を紹介する．政治家の公約は，本当に中位投票者が望む政策となっているのか．いくつかの研究結果をまとめることでその問いに答え，政治家の行動について考える．古典的な研究の結果としては，必ずしも中位投票者へ政策が偏ることはないとされている．その理由として，候補者がその選挙で何を重要視しているかによって提示される公約が異なることが指摘されている．つまり，当選確率の最大化行動には，いくつかの制約があることで中位投票者の選好から公約が離れてしまう可能性がある[2]．

　まず，候補者自身の理想を重視することで，中位投票者の選好から離れてしまう可能性がある．例えば，法人税に関して，減税と増税が両極端であった場合，中位投票者は現状維持ということになる．しかし，候補者の理想は減税による経済活性化であるため，中位投票者よりも減税側へ偏ってしまうことがある．

　同様に，選挙運動資金の提供者の意向[3]，党員からの圧力，立法府の委員会（Legislative committee）からの影響によって，中位投票者の選好から外れてしまうケースがあることが指摘されている[4]．さらに，確率的投票モデルが明示しているように，イデオロギーなどの政策以外の要素が関係していることも指摘されている．

　しかし，これらの研究の問題点は，1つの指標から有権者の選好を判断していることであった．

　政治家の行動が時系列で変化することも考慮する必要がある．そのために，政治的景気循環（Political Business Cycle），政治的予算循環（Political Budget Cycle）について考える．まず，政治的景気循環とは，政治家の行動は当選直後と次期選挙までの間で時系列で変化するため，選挙時期が景気循環に影響を及ぼすというものである．

　図6-4は，選挙時期と景気循環の関係を示している．当選直後は得票最大化のインセンティブは低いため，経済対策は徐々に疎かになる．その後，得票最大化行動から，政治家は選挙時期に合わせて経済状況を改善させることで選挙での当選を目指す．その結果として，選挙時期と景気循環が連動すると考えられる．しかし，政策の施行によって景気が回復するかは不透明であり，回復したとしても選挙の時期を過ぎてしまう可能性がある．そのため，政治家は選挙時期には予算や財政支出によって，有権者へアピールするかもしれない．

　政治的予算循環とは，政治家が次期選挙を見据えて財政支出を拡大させるため，選挙時期が予算の循環に影響を及ぼすというものである．これは公約に関しても同様である．選挙における公約の中で，公共サービスの無償化や無料化といった内容が盛り込まれることがある．多くの候補者が財源へ配慮

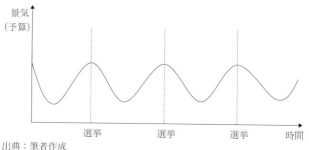

出典：筆者作成．

図6-4　政治的景気循環

せずに無償化などの公約を掲げることで，不要な歳出拡大を招いてしまう危険性がある．この歳出拡大の応酬をバラマキ合戦とよぶ．日本においては，政治的景気循環は衆議院議員総選挙と地方統一選挙，政治的予算循環は参議院選挙で当てはまっている可能性があることが指摘されている[5]．

　以上のように，政治や候補者の公約はさまざまな要因によって決定されており，時系列でも変化することがわかった．しかし，現実には政治家と有権者以外に政治的アクターが存在しており，政治家の行動に影響を与えている．それでは，政治家と有権者以外の政治的アクターはどのように政治家の行動に影響するのか．第7章ではこの点について考える．

　　注
1)　詳細は Lindbeck and Weibull（1987）と Dixit and Londregan（1996）を参照．
2)　詳細は Wittman（1983）を参照．
3)　詳細は Stratmann（1995）を参照．
4)　詳細は Rohde（1991）を参照．
5)　詳細は宮下（2013）を参照．

第7章
選挙と政治家の行動

1. レントシーキング

(1) レントシーキング

　選挙には資金が必要であり，選挙運動資金の提供者の存在は候補者にとって重要となる．また，一般的に政府は有権者に対して税金の納付と規制などの順守を強いるため，この事実を利用して他者に負担を強いることで自らは利益を得ようとする人々も出てくるであろう．この行為は個人の利益追求，またはレントシーキング（Rent-seeking）よばれる．

　受益者が受け取る利益をレント（Rent）とよび，レントを受け取るために行動する人または団体をレントシーカー（Rent-seeker）とよぶ．例えば，企業は補助金，税金の控除，競合他社の費用増加へつながる規制強化などを目的に，ロビー活動を行うことが考えられる．利益団体は移転支出，または政府からの経済的支援を目的としてロビー活動を行うかもしれない．移転支出とは，政府が個人に対して行う生活保護費の支払いや，企業に対して行う補助金の支払いなどを含み，財・サービスの生産に直接寄与しない購買力の移転を目的とした支出である．

　これらの「移転」は，受益者には正の影響がある一方，経済や社会全体で考えると負の影響がある．それどころか，彼らの行動は経済全体の成果物を減少させている．なぜなら，前述の通り，受益者は他者に追加的な負担を強いることで利益を得ているためである．

86

ロビー活動の結果，主に負の影響を受けるのは消費者と納税者である．前者は，輸入関税の導入や，市場の独占化による価格高騰によって影響を受ける．後者は，受益者への補助金支払い費用を増税などによって負担することになる．結果として，社会全体では死荷重が発生し，市場は非効率となってしまう．それでは，この市場の非効率化はどのように説明できるのか．

(2) 社会的損失

第1章で説明したように，独占企業の存在は市場を非効率化させる．一方，利益を増加させることができるため，独占企業にとっては市場独占化のインセンティブがある．図7-1には，レントシーキングによって発生する死荷重と，レントシーキングのために支払う社会的費用がまとめられている．

まず，レントシーキングが行われる前の競争的な市場では，価格は P_c であり，需要曲線との交点であるB点で取引量が決定されるため，取引量は Q_c となる．次に，レントシーカーがロビー活動を行うことで独占企業となった場合，独占企業は限界費用と限界収入が等しくなるC点で生産量を決定するため，生産量は Q_r となる．生産したすべての財を販売するためには，生産量 Q_r と逆需要曲線との交点はA点であるから，価格を P_r に設定する必要がある．

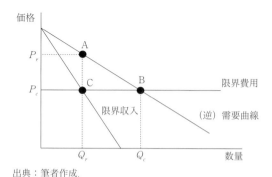

出典：筆者作成．

図7-1 レントシーキングと市場の独占化

　競争的な市場における取引量 Q_c と比較すると，独占市場における取引量は Q_r であり，取引量が減少していることがわかる．これは取引価格が P_c から P_r へ上昇したためであり，消費者は価格高騰と取引量減少によって負の影響を受けることとなる．消費者が受ける負の影響は死荷重であり，三角形 ABC の面積によって表される．また，独占企業は価格上昇に伴い，財 1 単位の販売から $(P_r - P_c)$ 分だけ利益が増加するため，独占の利益は四角形 $P_r ACP_c$ によって表現される．

　それでは，企業や政治家はどのような条件でレントシーキングを行うのだろうか．

(3)　政治家と利益団体の行動

　レントシーカーはレントを得るためにロビー活動を行う．なぜなら，前項で確認したように，独占の利益を得たり，競争力を高めたりすることができるからである．そのために，企業はロビー活動をサポートするロビイストや法律家を雇うことが考えられる．このロビイストたちは政治的権力を持つ政治家たちを酒食でもてなしたり，投票についてほのめかしたりすることで，依頼された企業が有利となるよう，補助金や規制導入などからレントを得るために交渉する．それでは，ロビー活動にはどの程度の費用を支払うのか．

　企業は利潤最大化を目的に行動しているので，レントと，レント獲得のために必要な費用を考えて行動する．例えば，受け取ることができるレントが日本円換算で 1 億円である場合を考える．企業は 1 億円未満の費用，例えば 9 千万円の費用がロビー活動にかかる場合，ロビー活動を行うことで差額である 1 千万円相当のレントを得るだろう．この場合，死荷重は社会的損失であり，独占の利益として計算されるレントも経済的な損失となる．なぜなら，社会全体の産出量は減少しており，レントシーカーがロビイストに依頼するといった取引は経済成長に寄与しないためである．一方，ロビー活動の費用が 1 億 1 千万円であった場合，ロビー活動に従事した場合は 1 千万円の赤字となるため，ロビー活動は行わないと考えられる．

　日本において，企業や団体が政治的な影響力を行使する方法は，業界など
の組織的な形式，または政党などへの寄付によるものがある．そのため，個
別的かつ直接的なロビー活動はあまり見られず，具体的な案を提示するとい
うよりは，勧誘という形式を採用することが多い傾向にある．日本企業が国
外でロビー活動を行うときは現地の慣習に従うが，外資系企業が日本で活動
する場合も同様である．そのため，外資系企業は，日本では組織的・集団的
な活動，多くの関係者と繋がりがある人々の採用，そして有用な情報や専門
知識の提供がロビー活動において重要となる[1]．

2．汚　　　職

(1)　汚職とは

　汚職問題は，主に開発途上国や移行経済諸国の問題と考えられることが多
いが，先進諸国も汚職の問題を抱えている．汚職の定義としては，Nye
(1967) が提示する概念として，公職人による公的な義務・職務からの逸脱，
贈賄・地位・金銭上の利得取得という定義がある[2]．汚職を行う政治的アク
ターとしては，政治家，選挙への立候補者，公務員，その他の利害関係者が
考えられる．例えば，ロッキード事件やリクルート事件などに代表される政
治家の贈収賄事件や，利害関係者による公務員への接待など，汚職にはさま
ざまな要素が複雑に関係していることがわかる．

　日本における汚職は，選挙とそれ以外，中央と地方といった分け方として
も考えられる．選挙における当選を目的とした汚職であるが，この点は次節
において詳細に確認する．それ以外の汚職とは，法案の可決などを通じたレ
ントシーキングと考えられるが，汚職とロビー活動とは区別する必要がある．
両者の最も明確な違いは，その活動の違法性にある．次に，中央と地方につ
いてであるが，基本的な構図に違いはない．しかし，中央では汚職の件数は
少ないが規模が大きく，地方では汚職件数は多いが規模は小さいという傾向
がある．

　汚職については，その把握が難しく，単一的な指標によって捉えることは困難である．この汚職の数値化については，第13章で説明する．

　汚職には，利得がある一方，汚職に関与することでそれなりのリスクも抱えることになる．それでは，汚職を行うインセンティブにはどのようなものがあるのか．このことを理解するために，次項では政治家の任期について考える．

（2）　汚職のインセンティブ

　政治家は議員として在職し続けることや，選挙での当選確率を最大化させることが仮定され続けてきたが，再選がありえない場合はどのように行動するのか．

　すでに説明した通り，議会制民主主義において，有権者は選挙によって議員を選出することで間接的に議会などへ声を届ける．議員には任期があり，有権者は当該議員の過去の業績を参考に投票の有無を判断することがある．つまり，議員の業績から議員としての資質を判断したり，自身の選好と近いかどうかを確認したりする．このことを業績評価による投票とよぶ．汚職や有権者を欺くような行動は再選のリスクとなるため，再選を狙う議員は選挙を見据えて汚職などの行動を控えることが考えられる．逆に，制度的に再選ができない場合もある．この状況においては，次の選挙について考える必要がないため，より自らの利益を優先するインセンティブが働き，相対的に汚職などに手を染めてしまう可能性も高まると考えられる．

　再選の可能性がある場合と，再選の可能性がない場合における政治家の自己利益最大化のインセンティブが発生するタイミングについて考える．再選の可能性がある場合においては，1期目の業績が選挙に影響すると思われるため，このタイミングでは汚職や自己利益最大化のインセンティブは働かない．また，2期目以降は再選できないため，自己利益最大化のインセンティブが発生する可能性がある．

　それでは，再選の禁止は不要なのか．一般的に，長期政権や，在職任期の

長い政治家ほど，官僚や利害関係者との癒着などの問題が出てくると考えられるため，再選禁止を不要とすることは短絡的である．しかし，再選の可能性はなく，当選から任期満了まで自己利益の実現のために行動してしまうという危険性も考えられる．そのため，適切な再選回数の設定が議論されるべきである．例えば，大統領制の代表として取り上げられるアメリカでは，大統領の任期は4年2期の合計8年であり，それぞれの任期中に中間選挙を行うことで，一定の割合で業績評価による投票が行われている．

　繰返しになるが，このように自国の現状や歴史的背景を考慮した上で，汚職をできる限り抑制させるためのインセンティブ設計について議論する必要がある．

(3) 票取引

　汚職とまではいかなくとも，法案や政策などを可決させるために，政治家や政党間で票取引（ログローリング，Logrolling）が行われることがある．この票取引が発生するには，主に2つの条件が必要となる．1つめは，選好に関する条件であり，ある政治的アクターの選好は政策や法案間で独立している必要がある．2つめに，票取引を行うためには，ある政治的アクターが手を組むことで結果を左右でき，さらに政治的アクター間である政策や法案に対する選好の度合いに差がある必要がある．

　表7-1には，政策Aと政策Bについて，政党X・Y・Zの立場と，各政策の利得がまとめられている．利得が正の場合は賛成，利得が負である場合は反対となる．まず，ケース①では政策Aと政策Bのどちらも賛成多数で可決される．しかし，政党Xの利得は（30−50＝−20）であり，政党Zも（−50＋30＝−20）となる．唯一，政党Yのみが（10＋10＝20）となるため，両政策からの利得は正となる．このとき，政党Xは政策Bに対して強く反対し，政党Zは政策Aに対して強く反対することがわかる．そこで，政党Xは政策Aに反対する代わりに，政党Zに政策Bに反対してもらうというインセンティブが働くこととなる．一方，政党Zは政策Bに反対する代わ

表 7-1　票取引の数値例

ケース①

政党	政策 A	政策 B	政策 A の利得	政策 B の利得
X	賛成	反対	30	−50
Y	賛成	賛成	10	10
Z	反対	賛成	−50	30

ケース②

政党	政策 A	政策 B	政策 A の利得	政策 B の利得
X	反対	反対	−10	−20
Y	反対	賛成	−10	10
Z	賛成	反対	40	−10

出典：筆者作成．

　りに，政党 X に政策 A へ反対してもらうインセンティブが働く．つまり，両者がそれぞれの政策に反対するという，票取引を行うインセンティブが発生する．最終的に，どちらの政策も否決され，政党 Y は得られるはずであった 20 の利得を失ってしまうことになる．

　次に，ケース②ではどちらの政策も反対多数で否決されることになる．しかし，政党 Y は政策 B から得る利得は正であり，政党 Z は政策 A から得る利得が正であることから，票取引が行われる可能性がある．票取引の可能性は 2 通りある．1 つめは，両方の案を賛成多数で可決させる可能性である．この場合，政党 Y は合計の利得は 0 となるが，政党 Z は合計の利得が 30 となる．2 つめは，政策 A のみを可決する可能性である．この場合，政党 Y の利得は −10，政党 Z の利得は 40 となるが，政党 Z から政党 Y へ利得を移転させることで，票取引のインセンティブが発生することとなる．

　ここで重要なのは，政党 X の利得と，全体の利得である．まず，上記の 2 つの可能性は，どちらも政党 X の犠牲の上で成り立っていることを考える必要がある．そのため，この票取引によって，本来避けられるはずであった負の影響を受けてしまう政党 X への補償の有無などが議論となる．

次に，全体の利得についてである．両政策が可決された場合，政策 A か
らの利得は合計 20 であり，政策 B からの利得は合計−20 である．つまり，
全体としての利得は 0 となる．一方，政策 A のみを可決した場合，利得の
合計は 20 となるため，この選択肢が最も利得が大きくなることがわかる．

以上のように，汚職や政党間の票取引によって政策の施行の有無が左右さ
れてしまうことがわかった．それでは，現実にはこれらの行為はすべての
国々で行われているのだろうか．この疑問に回答するために，次項では政治
体制の違いについて考える．

3. 政治体制

(1) 政治体制とは

現実の世界において，どの国がどの政治体制を採用しているかを判断する
ためには，いくつかの基準が必要となる．ここからは，Lührmann et al.
(2018) が開発した政治体制の分類および判断の方法について説明する．

表 7-2 には，Lührmann et al. (2018) の政治体制の分類による，政治体制
の種類や各政治体制の定義がまとめられている．政治体制については，非民
主主義と民主主義に分けられている[3]．この非民主主義と民主主義の違いは，
「『事実上』，複数政党制，自由で公正な選挙，またはダールの制度的前提条
件」が最低限満たされていないか，それとも満たされているのか，とされて
いる．満たされていない場合は非民主主義，満たされている場合は民主主義
と判断される[4]．この定義によって，政治体制の分類が可能となるが，それ

表 7-2　Lührmann et al. (2018) の政治体制の分類

政治体制	定義
独裁 （Autocracy）	「事実上」，複数政党制，自由で公正な選挙，またはダールの制度的前提条件が最低限満たされていない
民主主義 （Democracy）	「事実上」，複数政党制，自由で公正な選挙，またはダールの制度的前提条件が最低限満たされている

出典：Lührmann et al.(2018), Table 1 を参考に筆者作成．

ぞれの要素はどのように判断すればよいのか.

　Lührmann et al.（2018）は, V-Dem（Varies of Democracy）研究所が作成する各指標により, 政治体制の分類に必要となる基準について判断している. 彼らは,「事実上」複数政党による選挙になっているかどうか, 自由で公正な選挙が実施されているかどうかについて, 各指標を参考に判断することで非民主主義と民主主義を分類している. これらの政治体制の違いは, 選挙における候補者の行動や, 汚職などにどのように影響するのか.

（2）　政治体制と選挙

　政治体制の違いによって, 選挙における候補者の行動はどのように変化するのだろうか. ここでは主に, 非民主主義と民主主義, 民主主義国家における議院内閣制と大統領制の違いを考える.

　まず, 非民主主義と民主主義において, 選挙における候補者の行動はどのように異なるのか. 言い換えると, 候補者の得票最大化行動にどのような違いがあるのか. 非民主主義については,「事実上」複数政党制での選挙や自由で公正な選挙などが達成されていない. 例えば, 一党独裁の場合, 選挙においては得票最大化行動を仮定したとしても, 中位投票者の定理は当てはまらないことが考えられる. なぜなら, そこには競争が存在しないからである. 反対に, 民主主義においては,「事実上」複数政党制での選挙, 自由で公正な選挙などが達成されているため, 選挙において競争原理が働くことになる. そのため, 第 6 章でみたように, 中位投票者の定理や, イデオロギーなどを判断することによって公約が掲げられることになる.

　つまり, 民主主義と比較して, 非民主主義ではより選挙における競争は少なく, 政権維持が容易であることが考えられる.

　次に, 民主主義の中でも, 議院内閣制と大統領制における選挙について考える. 通常の選挙には大きな違いがないため, ここでは首相と大統領の選出について見ていく.

　首相については, 日本を例にする. 衆議院議員総選挙と参議院議員通常選

挙によって議員が選出され，議員によって構成される議会によって内閣総理大臣が選出される．

　大統領については，アメリカを例にする．アメリカの大統領選挙は，まず民主党と共和党から候補者1名を選出するための予備選挙が行われる．この予備選挙では，党員が有権者となる党員選挙が採用されている．そして，最終候補者2名によって本選挙が行われる．この本選挙では，州ごとに有権者が「選挙人」へ投票し，選出された選挙人が最終候補者へ投票するという間接的な方法が採用されている．選挙人は事前に支持する最終候補者を提示することで，一般有権者は投票する選挙人を判断する．選挙人の人数は州の人口規模などによって割り当てられ，各州で勝利した最終候補者は，その州のすべての選挙人を獲得する勝者総取り方式が採用されている．そのため，総得票数が多くとも，選挙人の人数が少ない場合は当選できないことになる．実際に，2016年に行われた大統領選挙では，ヒラリー・クリントンの得票数は，トランプよりも200万票以上多かったが，選挙人の数は少なかったため敗北してしまった．

　このように，民主政治の中でも，得票最大化行動の戦略は大きく異なることが理解できる．

(3)　政治体制と汚職

　汚職の発生は，政治体制の違いによって説明できるのか．ここでは，非民主主義と民主主義の違いについて考える．非民主主義と民主主義の大きな違いは，政権維持の容易さである．

　政党単位で考えると，政党が1党のみ存在する場合や，複数政党が存在しているが「事実上」複数政党制での選挙が行われていない場合，政権維持は容易となる．そのため，再選を意識する必要もなくなり，汚職を行うインセンティブは高まる．さらに，一般的には長期政権や在職任期の長い政治家ほど官僚や利害関係者との癒着などの問題が発生する傾向にあるため，この点においても非民主主義では汚職発生のリスクは高い．しかし，任期満了にお

ける汚職のインセンティブは少なく，この点は民主主義とは異なると考えられる．

　一方，民主主義においては，基本的には選挙において競争があるため，有権者を無視した行動は難しい．そのため，非民主主義と比較して，汚職のインセンティブは少ないと考えられる．極端な長期政権は少なく，長期政権による癒着に関しても相対的に少ないことが予想される．しかし，多選禁止などにより再選の可能性がない場合は，汚職のインセンティブが発生してしまう危険性があるため，再度の説明となるが，この多選禁止と再選の回数のバランスについては，各国の社会的・政治的背景などを考慮して決定する必要がある．

　汚職の問題や，一国の発展や安定においては，この政治体制の議論に加えてガバナンス（Governance）の概念が重要となる．ガバナンスを強化するために，民主化の促進と定着，法の支配の確立，行政の機能強化，公正・民主的な統治能力の強化が必要となる．つまり，政治体制よりも，さらに包括的な概念となっている．このガバナンスの問題は，主に発展途上国における問題と結びつけられるが，汚職の問題においては，先進国にとっても重要な要素となる．

　政治体制やガバナンスに関する統計データについては，第13章にて取り扱うこととする．

　注
1)　詳細は Romann (2020) を参照．
2)　詳細は Nye (1967) を参照．
3)　Lührmann et al. (2018) では独裁（Autocracy）と民主主義（Democracy）に分類しているが，本章での議論においては非民主主義と民主主義と表記している．彼らは，独裁と民主主義について，それぞれをさらに詳細な2つの分類によって定義している．詳細は Lührmann et al. (2018) を参照．
4)　ダールの制度的前提条件についての詳細は岩崎 (2015) と Nye (1967) を参照．

第8章
政策の施行と官僚の行動

1. 官僚の行動

(1) 官僚組織と政策決定プロセス

　日本において，政策は主に官僚組織によって実行されている．このことは多くの先進諸国でも同様であり，政策決定プロセスと官僚の行動は密接に関係している．重要となるのは，いかに効率的に政策を導入するかという問題である．本項ではいくつかの考えを示すことで，潜在的な官僚の合理的行動について理解する．

　官僚制について最も共通している認識は，マックス・ウェーバー（Weber 1921）の『官僚制』によって示されているものであろう．その内容は主に6つある．①職業専念の義務を負っている，②社会的な尊敬を受けている，③高学歴である，④終身的な地位である，⑤上級官公庁が下級官公庁を管理している，⑥地位こそが最も重要である．

　官僚組織は公共サービスの提供に欠かせないが，官僚組織が搾取者となる危険性についても考える必要がある．性善説に従えば，官僚組織は社会的問題を解決し，適切な公共政策や公共サービスを供給すると考えられる．しかし，現実には官僚自身も政治的アクターの一員であり，自身の昇進・昇格や出世レースを考慮して行動する可能性は大いにある．そのため，納税者である有権者が望むような公共政策や公共サービスが，必ずしも導入されるとは限らない．

　これらの問題を解明するために，公共選択論では，官僚は自己の利益を追求する合理的人間であることも想定した分析が行われている．

(2)　予算最大化行動

　官僚による最大化行動とはどのようなものか．経済学において，消費者は効用を最大化し，企業は利潤を最大化する．公共選択論においては，有権者は自身の効用を最大化させるために投票の有無や投票先を決定し，選挙への立候補者は当選確率を最大化させる．経済学における市場と比較した場合，大きな違いは，官僚は利益を最大化させるために彼らの生産物を販売することはないため，利益も損失も発生しない．

　つまり，多くの場合，官僚は費用から収入（または公共財などから得られる効用の増加分）を最大化させることに対するインセンティブを持たないことになる．代わりに，彼らは自身の所得増加や昇進に影響する「予算」を最大化することを目的として行動する．

　この行動はどのように理解すべきか．まず，予算や所属する部署の規模拡大は自身の所得に影響するのか．これは，日本においては短期的には直結しないことがわかる．なぜなら，一般企業のように業績に応じて給与が決定されるわけではなく，毎年の昇給と，数年ごとに昇進することで所得が増加していくためである．

　では，予算や所属する組織の規模拡大にはどのようなインセンティブがあるのか．それは，一般的には，課長以降の昇進にあるとされている．課長以降の役職については，同期の中で出世レースが繰り広げられ，最終的な事務次官にたどり着けるのは各期で1名のみである．このように，出世することで所得と同時に，権力や権威を手に入れることができるため，官僚は予算や自身の所属部署の規模拡大を目指す一面があるとされている．

　ダウンズは，官僚の行動原理については2つの動機があるとしている．1つめは，利己的動機である．この利己的動機には，権力や所得，そして安定などが含まれている．2つめは，社会的使命感である．この社会的使命感に

は，忠誠心や名誉，そして奉仕の精神などが含まれており，官僚はこの利己的動機と社会的使命感により行動するという．しかし，タロックは，官僚の合理的行動として，自身の所得増加や昇進のために，自身が所属する省庁や部署への予算を増加させるインセンティブをもつとしている．そのため，公共財・サービスの供給は，有権者や消費者が望む水準よりも高い水準となってしまうと指摘する．この点について，公共財の供給モデルによって説明したのがニスカネンモデルである．

(3)　ニスカネンモデル

　官僚の予算最大化行動は，理論モデルによってどのように描写できるのか．ウィリアム・ニスカネンは，官僚は自らの効用を最大化させるために，自身が所属する省庁や部署が獲得する予算を最大化させ，結果的に行政サービスの過大供給につながることを指摘した．ここでは，官僚の予算最大化行動により，最適な公共財供給量よりも多くの公共財が供給される可能性について考える．

　最適な公共財供給量を示した，サミュエルソンの条件式を例に考える．サミュエルソン条件式の経済学的な意味は，市民の限界効用の総和と公共財の限界費用が等しくなる公共財の量が，社会的に最適という点である．図8-1には，公共財の最適な供給量と，最適な供給量に官僚の予算最大化行動が与える影響についてまとめられている．まず，サミュエルソン条件式から，市民の限界効用の総和と公共財の限界費用が等しくなるのは点Eであり，最適な供給量は Q_E であることがわかる．公共財供給にかかる費用は税金によってまかなわれているため，市民の意向を反映させる必要があることは容易に理解できる．

　次に，官僚の予算最大化行動を考慮した場合，最適な供給量よりも多くの公共財が供給されることとなる．例えば，官僚の予算最大化行動によって，より多くの予算が公共財供給に費やされ，結果として Q'_E の水準で公共財が供給されたとする．最適な公共財供給量である Q_E が供給されていた場合，

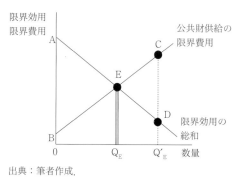

出典：筆者作成.

図 8-1　官僚の予算最大化行動

　常に限界効用が限界費用を上回っているため，三角形 AEB の面積分だけ費用の増加分より効用の増加分が上回る．一方，Q'_E の水準で公共財が供給された場合，点 E より右側においては常に限界費用が限界効用を上回っているため，Q_E のケースと比較すると三角形 ECD 分だけ社会的損失が発生することになる．

　以上から，予算最大化が官僚の合理的行動であった場合，政府や官僚組織の肥大化を招いてしまう危険性があることが理解できる．ここでの疑問は，すべての官僚にニスカネンモデルが当てはまるかどうかという点である．

2.　ダンレヴィーの官僚組織形成モデル

(1)　官僚組織形成モデル

　現実には，公的部門の民営化や業務委託，さらには行政における定員や予算の削減もみられる．また，公共財の供給以外にも多くに政策があり，予算の種別についてもさまざまなものがある．つまり，同じ官僚組織の中でも官僚の属性によって合理的行動は異なる可能性があるため，特定の官僚にとって予算最大化行動が合理的行動とならない場合がある．

　例えば，入職直後の官僚は，忠誠心や奉仕の精神に満ち溢れているかもし

れない．一方，同期との出世レースを控える段階の官僚は少しでも同期との
差をつけるために，予算最大化行動が合理的行動となることも考えられる．
さらに，前者と後者は逆の行動をとるかもしれない．パトリック・ダン
レヴィーは，官僚組織内の地位によって合理的行動が異なることに注目し，官
僚組織の規模縮小という現象を理論的に説明した．これは官僚組織形成モデ
ルとよばれる．

　このモデルは，前提条件として官僚は自身の効用を増加させるために，個
人で行える戦略（個人的戦略）と，集団として行う戦略（集団的戦略）が選
択肢として存在する状況を想定する．例えば，最も個人的な戦略は部局内で
の昇進や，より大きな権限を持つポストへの移動などが考えられる．そして，
集団的な戦略へ近づくにつれ，労働条件の一般的改善や組織の再設計などが
含まれるようになり，最も集団的な行動は予算最大化とされている．前節で
の議論は最も集団的な戦略であるため，多くの個人が共通した認識を持たな
い限り達成することは困難である．そのため，ダンレヴィーはニスカネンモ
デルが導出した結論が起こる可能性は低いと主張している．

　次に，官僚組織の中でも官僚が属する階層によって合理的行動が異なる点
について考える．ここでは，各部署の中でも下級・中級・上級の官僚が存在
し，階層ごとに 1) 予算増大から受ける便益，2) 予算増大実現の確率（影
響力），3) 予算拡大のための費用，4) 他の戦略から受ける便益が以下の通
り異なることを仮定している．

> 1) 下級＞中級＞上級，2) 上級＞中級＞下級，
> 3) 上級＞中級＞下級，4) 上級＞中級＞下級

　予算増大から受ける恩恵については，上級官僚はすでに高い地位に就いて
いるため相対的に低く，下級官僚はその逆となるため予算増大から受ける恩
恵は大きくなる．次に，予算増大への影響力であるが，これは上級官僚の方
が大きく，下級官僚の方が小さいことが容易に想像できる．

　予算拡大のための費用であるが，これは上級官僚の方が高く，地位が低く

なるほど費用も低くなる．なぜなら，上級官僚は予算増大への影響力が大きいため，組織として予算を増大させるために行動する場合でも個人的負担が大きくなるためである．逆に，下級官僚は影響力の小ささから個人的負担は小さくなっている．

　最後に，他の戦略から受ける便益は上級官僚の方が大きくなる．この理由は，下級官僚は予算増大以外の選択肢を有していることは少なく，上級官僚は自己の便益を増加させることができる代替的な戦略や，その戦略を実現させるための方法と十分な影響力を有しているためである．

(2)　予算の分類と集合的な予算最大化行動

　官僚組織形成モデルでは，予算の分類や所属する機関の特徴も官僚の行動に密接に関係していることを指摘している．まず，官僚の地位によって興味のある予算は異なり，扱う予算に応じて合理的行動が決定されることが示されている．

　表8-1は，予算の分類と定義である．中核予算とは組織運営に用いられる予算であり，中核予算に民間部門への支出を加えた予算が組織予算となる．政策予算は組織予算に他の公的機関に交付される予算を加えた予算であり，当該官僚組織の管理下に置かれる．拡大政策予算は政策予算に他の官僚組織の予算を加えたものであり，ここで新たに加わった予算はより上位に位置す

表8-1　予算の分類

予算	内容
中核予算 （Core budget）	内部の組織運営のために用いられる予算
組織予算 （Bureau budget）	中核予算に行政組織から民間部門への支出を加えた予算
政策予算 （Program budget）	組織予算に他の公的機関に交付される予算を加えた予算
拡大政策予算 （Super-program budget）	政策予算に，当該組織の上層部が管理する他の公的機関に交付される予算を加えた予算

出典：黒川（2013）と飯島（2013）を参考に筆者作成．

る当該官僚組織によって管理されている.

　官僚が属する階層によってどのように効用を増加させるかという戦略は異なるため, どの予算を増加させるかという判断も異なってくることが理解できる.

(3)　所属機関の分類と集合的な予算最大化行動

　所属する機関の機能によっては, 扱う予算も異なるため, 上級官僚は組織改革に取り組むことで予算を縮小させるインセンティブをもつことが示されている[1]. 所属機関の分類が表 8-2 である. 政策執行機関は公共サービスを供給し, 規制型機関は個人や企業の活動を規制する. 予算給付型機関は補助金や移転支出を扱い, 契約型機関は公共サービス供給に伴う民間・公的企業との契約を担当する. 最後に, 管理型機関は資金の使途や政策の実行について監視を行っている.

表 8-2　所属組織の分類

機関	内容
政策執行機関 （Delivery agency）	・自ら公共サービスを供給 ・政策予算に占める組織予算の比率は高い ・組織予算に占める中核予算の比率は高い
規制型機関 （Regulation agency）	・個人・民間企業の活動を規制 ・政策予算に占める組織予算の比率は高い ・組織予算に占める中核予算の比率は高い
予算給付型機関 （Transfer agency）	・補助金や移転支出を担当 ・政策予算に占める組織予算の比率は高い ・組織予算に占める中核予算の比率は低い
契約型機関 （Contract agency）	・公共サービスについて民間企業・公的企業と契約を締結 ・政策予算に占める組織予算の比率は高い ・組織予算に占める中核予算の比率は低い
管理型機関 （Control agency）	・資金の使途や政策の実行を監視 ・政策予算に占める組織予算の比率は低い ・組織予算に占める中核予算の比率は高い

出典：黒川（2013）と飯島（2013）を参考に筆者作成.

それぞれの機関では業務内容に応じて扱う予算が異なっている．ダンレヴィーは，官僚の階層，予算の分類，所属期間の分類を合わせ，以下の3点について理解することが重要であると主張している．

　①下級官僚は予算増大から最も恩恵を受けるが影響力はないため，結果として効用を得るためには職業保障が重要となる．そのために必要な予算は中核予算であり，中核予算の拡大が重要となる．②中級官僚が効用を高めるとき，自身の仕事の結果に加えて，中間管理職としての評価を改善するインセンティブが働く．そのため，組織予算の拡大に関心を持つことになる．③上級官僚は下級・中級官僚と比較して自らの機関全体の運営に目を向け，各部局の評価を高めることで効用が増加する．加えて，顧客や契約者との関係改善や後援者の権力拡大などによっても効用は増加する．つまり，組織予算に加えて，政策予算が重要となる．結果として，天下り先などの問題が発生することになる．

　これらの点を総合的に考えると，官僚の階級によって効用最大化に対する予算の分類は異なり，さらに所属する機関によって扱う予算の比率は異なるため，集合的な戦略としての予算最大化は複雑な意思決定の結果として選択されていることが理解できる．加えて，政治家との関係についても考える必要がある．

3.　政治家と官僚の関係

(1)　プリンシパル＝エージェントモデル

　政治家と官僚の関係性を分析するために，プリンシパル＝エージェントモデル（Principal-Agent model）について説明する．プリンシパルとは契約の依頼人（本人）を意味し，エージェントは代理人を意味する．プリンシパル＝エージェントモデルでは，依頼人から代理人に責務を委任する契約関係を分析している．このモデルにおいて重要な概念は，依頼人と代理人の間に存在する情報の非対称性である．

　一般的に，依頼人よりも代理人が多くの情報を有する場合，この契約関係に問題が生じることとなる．保有する情報量に差があり，より多くの情報を有する代理人が利己的に行動する可能性が高いにもかかわらず，依頼人の監督・監視能力が低い場合は代理人の行動は独占的になってしまう．具体的には，モラルハザードの危険性が高まることが考えられる．

　ここでのモラルハザードとは，代理人の利益が依頼人の要望と競合しており，依頼人の監視能力が低い場合，代理人が自己の利益を優先させることを意味する．重要となるのが，依頼内容と代理人の望む内容が乖離しているかどうかである．依頼人が望む結果と，代理人が望む結果の乖離をエージェンシー・スラック（Agency slack）とよぶ．繰り返しとなるが，このエージェンシー・スラックが大きく，依頼人の監視能力が低い（監視費用が高い）場合，モラルハザードの危険性が高くなる．

　表 8-3 には，プリンシパル＝エージェントモデルの具体例がまとめられている．例えば，中央政府は地方政府へ公共サービスの供給を依頼し，財源の不足分は補助金などによって補助するという関係として考えられる．しかし，中央政府は地方政府における公共サービスの予算決定の過程を把握しておらず，ここに情報の非対称性が存在する可能性がある．そのため，地方政府には予算を最小化させるというインセンティブは働かないため，公共サービスの供給が非効率になってしまう危険性がある．また，経営者は従業員を雇うことで，自身の代わりに営業活動や商品開発などを行ってもらうという契約を交わすと考えられる．しかし，現実的にはすべての従業員が精励恪勤

表 8-3　依頼人と代理人の関係

依頼人	代理人	観察・監視できない行動	行動の結果
中央政府	地方政府	公共サービス供給の予算決定	財源不足による補助金額
銀行	資金の借り手	企業努力	資金の返済
投資家	投資信託会社	資金運用	運用利益
経営者	従業員	精励恪勤	利益
依頼人	弁護士	精励恪勤	調査内容や判決

出典：筆者作成．

ではなく，残業代を不正支給したり，営業中に喫茶店などで休憩したりしている可能性もある．結果として，企業の利益は減少してしまうことになる．

　このように，情報の非対称性があるがゆえに，都合の良い情報のみを依頼人に与えることで依頼人の判断に影響を及ぼしてしまう状況は，政治家と官僚の間ではどのような問題が考えられるのか．

(2)　政治家と官僚の関係

　日本における議院内閣制において，政治的アクターの契約関係はどのようになっているだろうか．ここからは，政治家と有権者，そして政治家と官僚の関係について考える．まず政治家と有権者の関係であるが，選挙によって有権者が議員を選出するため，有権者が依頼人，政治家が代理人であるといえよう．このとき，有権者が観察・監視できない政治家の行動は，公約通りの法案を可決させるための努力であり，行動の結果として法案可決の有無がある．ダウンズの政党間競争モデルでは，候補者は当選後に必ず公約を実行することが仮定されていたが，この仮定は現実的だろうか．いくつかの分野において公約を掲げることを考慮しても，選挙時に掲げた公約をすべて実行する政治家は限りなく少ないと考えられる．それは，政治的景気循環と同様に，当選後は次の選挙まで時間があるため有権者へのアピールの重要性が相対的に低下するためである．つまり，有権者には選挙という短期的期間ではなく，中長期での観察・監視が求められていることがわかる．

　政治家と官僚も，依頼人と代理人の関係にあると考えられる．選挙で当選した立候補者は立法府の一員として官僚とともに政策立案に携わり，官僚制度のもと，行政府の一員である官僚によって政策が立案・執行される．外交・環境問題・安全保障・司法・徴税など，多岐にわたる政策立案には専門的な知識や判断が必要となる．そのため，政策立案や予算編成が官僚主導となることが一般的となっている．つまり，各分野の専門的な知識について情報の非対称性があるため，モラルハザードが発生する可能性がある．

　この問題は，政治家と官僚だけの問題ではなく，有権者も関係している．

なぜなら，有権者と政治家は依頼人と代理人の関係であるため，有権者と官僚は「間接的」に依頼人・代理人関係にあるといえる．有権者はこの事実を考慮し，立法府や行政の観察・監視について考える必要があるのではないか．

(3)　民間部門と政府部門のバランス

　官僚組織による公共財・サービスの提供は，民間部門における財・サービスの提供とは異なる．重要な点は，効率的な財・サービスの供給である．

　現代の官僚組織では，業績の評価によって解雇されるおそれはなく，昇進も年功序列的である．そのため「自身の職務範囲以外を顧みない利己的行動」のインセンティブが存在し，この事実は官僚組織全体を非効率にする可能性がある．

　しかし，公共支出の効用測定が困難であるため，現実には非効率化の追求は存在していない．効用測定が困難な理由は，公共財・サービスの市場が存在しないためである．つまり，需要と供給によって価格が設定されていないことになる．代わりに，GDP などの統計では公共サービスの価値は供給に伴う費用によって計上されている．

　このように，国民経済計算において市場で評価できない経済活動は帰属価値によって評価する．帰属価値とは実際にはその財・サービスが市場で取引されることはないにもかかわらず，当該財・サービスが市場で取引されていると考え，市場で取引された場合の価格を想定して計算されている．そのため，どれだけ効率的に公共財・サービスを取引できているかを評価することは困難といえる．

　官僚の合理的行動が予算の最大化や組織形成を通じた自己の効用最大化であった場合，公共財・サービスの供給は過大となる可能性がある．また，このような行動を政治家が律するためには，情報の非対称性を解消し，エージェンシー・スラックを限りなく小さくする必要がある．

　非効率な公共部門の肥大化を防ぐためには，一定水準の民営化が必要となるが，第 1 章で確認した通り，公共財・サービスは民間部門での供給が困難

であるケースが多い．さらに民間部門への委託や業務の民営化は政界・官僚組織・財界における癒着問題を生み出すこととなる．結果として，民間部門への業務委託費用が肥大化する可能性もあるため，民間部門と政府部門のバランスを考慮し，いかにして効率的な公共財・サービスを供給できるかについて議論し，評価する必要がある．

　注
1)　詳細は黒川（2013）と飯島（2013）を参照．

第9章
国際的な意思決定：環境問題と貿易政策

1. 国際公共財

(1) 国際公共財とは

　公共政策には，国際的な視点もある．そのため，政策決定のプロセスも国家間で行われることとなる．国際的に公共性を有する財・サービスのことを国際公共財とよぶ．例えば安全保障，環境問題，貿易システム，金融システム，感染症対策などが該当する．飯田・大野・寺崎（2010）では，表9-1のように国際公共財および国内公共財を定義している．

　純粋国際公共財とは，以下の3つの性質をすべて有する公共財である．1つめは国際的非競合性であり，すべての国に居住するすべての経済主体が需要可能となることを意味する．経済主体には個人や企業の他に，政府やあら

表9-1　国際公共財と国内公共財の定義

純粋国際公共財	
(1) 国際的非競合性	すべての国に居住するすべての経済主体が需要可能
(2) 国際的非排除性	すべての国に居住するすべての経済主体の需要を排除できない
(3) 国際的経済財	いかなる国に居住する経済主体であろうとも供給は有償

国内公共財	
(1) 国内的非競合性	ある国に居住する経済主体のみがその国では需要可能
(2) 国内的非排除性	ある国に居住する経済主体の需要をその国では排除できない

出典：飯田・大野・寺崎（2010）を参考に筆者作成．

ゆる団体が含まれている．2つめは国際的非排除性であり，すべての国に居住するすべての経済主体の需要を排除できないことを意味する．3つめは国際的経済財としての性質であり，いかなる国に居住する経済主体による供給であったとしても，その供給は有償であることを意味する．

　一方，国内公共財は，非競合性と非排他性が国内にのみ適用されるという性質を有している．

(2)　国際公共財と国内公共財の関係

　国際公共財と国内公共財は相互に依存している傾向にある．例えば，国際的な水準の環境技術の普及を考えたとき，国内の環境システムにも依存する．国際公共財を国内で供給するために必要な地盤として，国内公共財が必要となるのが基本的な考え方である．これは，世界銀行の提案した考え方に基づいている．世界銀行は，国際公共財と国内公共財を区別することで，国際公共財の円滑な供給について新たな考えを提示している．この考え方は，主に先進国から供給される国際公共財と，受け入れ国である発展途上国における国内公共財の関係性を対象にしている．

　環境汚染問題を例に考えてみる．国際公共財としては，森林資源や水産物の保護，環境に配慮したエネルギーの供給などに関する研究開発や，技術の普及が考えられる．国内公共財としては，上記の研究開発に必要な人材を育てる研究・教育システムや，技術受け入れのための公的なシステムが必要となる．あるいは安全保障について考えてみる．世界平和の維持を目的として，国際法や安全保障システム，緊急時の援助や終戦後の地雷除去など，多くの国際公共財が供給されている．これらの国際安全保障に関するシステムを国内へと普及させるためには，国内における司法・立法・行政システムや，人権への共通認識など，国内公共財の供給が不可欠となる．

　また，2019年末から世界的に流行した新型コロナウイルス感染症への対策も，国際公共財である．ワクチンの普及などを国際公共財と考えたとき，国内へワクチンを供給するためには，国内における医療制度や保険衛生上の

システムが整っている必要がある．

(3)　国際公共財の負の側面

　国際公共財は負の側面も有する．負の側面を有する国際公共財とは，すべての国の経済主体に負の影響を与えることで，厚生水準を低下させるものである．この負の影響を取り除くものが国際公共財となる．この点を理解するために，国際外部経済と自然悪について見ていく．

　国際外部経済は，第1章で学んだ外部性の問題を国際的な問題として捉えたものである．国際外部経済とは，市場を通さずに「ある国の」経済主体の行動が「他国の」経済主体に影響してしまうことを意味する．他国の経済活動に正の影響がある場合は国際外部経済，負の影響がある場合は国際外部不経済とよばれる．この国際外部経済には，すべての国が関係するものと，二国間の国境を対象としたものがある．

　水質汚染を例に考えてみる．ある国が海洋ゴミを不法投棄したり，工場などからの化学物質が海洋汚染につながったりした場合，多くの国を巻き込んだ海洋汚染問題へと発展する．一方，二国間のみを流れる川に関する汚染問題であった場合，国際外部不経済ではあるが，その範囲は二国間にとどまることとなる．

　自然悪とは，ある国や地域に所与として存在するものであり，国際社会全体に負の影響を与えるものである．例えば，地震，暴風雨，日照りなどの自然災害などが当てはまる．負の影響を回避するために国際的な地震や天気に関する予知・速報のシステムが構築されている．

　このように，国際公共財は越境するため，国家間での議論や協力が不可欠となっている．本章では，その取り組みとして環境汚染問題と自由貿易システムについて取り上げる．

2. 環境汚染問題

(1) 気候変動問題解決のための枠組み

　環境問題は地球規模の問題であり，すべての国が当事者となるため，国際的な枠組みが必要不可欠となる．また，世代内公平と世代間公平の問題を含んでいるため，現世代に加えて，将来世代も考慮した議論が必要となる．

　現在までに，国連気候変動枠組条約（UNFCCC）の目的を達成するために，京都議定書やパリ協定などの枠組みにおいて二酸化炭素排出量削減などについての合意形成が行われてきている．国連気候変動枠組条約は 1992 年に採択，1994 年に発効されており，すべての国連加盟国（197 カ国・地域）が参加している．国連気候変動枠組条約の目的を達成するために，京都議定書とパリ協定がある．前者は 2020 年までの枠組みであり，後者は 2020 年以降の枠組みである．前者は 1997 年の COP3 で採択，2005 年に発効，後者は 2015 年の COP21 で採択され，2016 年に発効している．

　京都議定書とは異なり，パリ協定では，先進国と途上国の区別はなく，すべての国が温室効果ガス削減をはじめとする気候変動問題に参加する枠組みである．つまり，より大きな温室効果ガス削減の効果が見込める一方，合意形成は困難になっていることを意味している．

　環境問題においては，すべての国が当事者となるが，国内の問題も併存している．つまり，国内の民間企業，環境保護団体，研究機関などの取り組み，国内の法規制などによる国レベルの取り組み，そして国際条約等による国際レベルでの取り組みが必要となる．

　国際機関や国際的な枠組みにおいて，参加者は国の代表として国内の企業や家計の意見を示すことになるが，決定された内容は国内政策へ反映させる必要があるため，有権者の反感を買ってしまう可能性がある．ここに，国内問題を考慮して国際的な枠組みで決定する難しさがある．そのため，得票最大化行動の結果として，国際的な枠組みから離脱してしまう可能性もある．

政治的な要因によって環境問題への取り組みが頓挫してしまうことを避ける
ためにも，民間部門からの科学的根拠に基づくアドバイスなどの貢献が期待
されている．

　基本的にパリ協定などにおける合意形成は，投票によらない，全体的な合
意によるコンセンサス方式である．しかし，現実にはコンセンサス方式では
結論がでないケースがある．この場合，投票によって合意形成を行う必要が
ある．国際機関における投票ルールには，以下のようなものがある．

(2)　投票ルール

　国際的な意思決定を行う場合，議論する問題に応じてさまざまな投票ルー
ルが存在している．まず，ある議題について合意するか否か，という投票を
想定する．この場合，問題となるのは合意に必要な票数と，それぞれの国が
もつ1票の重み付けである．

　前者については，全会一致，4分の3以上の票，3分の2以上の票，2分
の1以上の票など，さまざまなケースが存在する．後者の問題については，
1国1票の場合もあれば，IMFやEUのように出資金額や人口規模で重み付
けをしている場合もある．さらに，国連安全保障理事会では，特殊な決定
ルールが採用されている．アメリカ，中国，イギリス，フランス，ロシアの
5カ国が常任理事国であり，2年任期で10カ国の非常任理事国を加えた15
カ国で構成される．1国1票制が採用されており，手続き事項には9票，そ
の他のすべての事項には全常任理事国を含む9票の賛成が必要となる．常任
理事国は拒否権をもち，拒否権プレイヤーとよばれる．拒否権プレイヤーと
は，ジョージ・ツェベリスによって展開された概念であり，政策を変更する
ために同意が必要となる政治的アクターを意味する[1]．

　ここで，二酸化炭素排出量削減案として，A案，B案，C案が候補となっ
ているケースを想定する．投票者はX国，Y国，Z国であり，二酸化炭素
排出量削減案についての選好は次の通りである．

$$X 国：A ＞ C ＞ B$$
$$Y 国：A ＞ B ＞ C$$
$$Z 国：B ＞ C ＞ A$$

　まず，X国とY国はA案を1位としているが，Z国はB案を1位としているため，全員一致ルールでの可決は成立しないことがわかる．次に考えられるのが最多数投票ルール（Plurality voting rule）であり，一般的には多数決とよばれる最も得票数の多い案が選出される方法である．今回のケースではA案が選出されることになる．この最多得票投票ルールは多くの場面で採用されているが，集団における合意形成の方法として必ずしも正しいとはいえないかもしれない．なぜなら，投票ルールによって選出される選択肢が異なる可能性を否定できないためである．

　ここからは，各国の代表者18名によって構成される集団の合意形成について，3つの投票ルールを比較して，合意形成の結果が異なることを確認する．18名のA案，B案，C案，D案についての選好は，図9-1の通りである．

　まず，最多数投票ルールによる合意形成では，最も得票数が多いA案が採択される．しかし，A案を支持する人数は8名であり，過半数とはなっていない．さらに，2番目に人数の多かったC案とA案を比較すると，A案よりもC案を好む人が10名，C案よりもA案を好む人が8名となっている．そのため，上位2つの案で決選投票を行った場合，C案の得票数は10，A案の得票数は8のため，C案が採択される．

人数	選好の順番	投票方法	得票数
8	A>B>C>D	最多数投票	A=8, C=6, D=4, B=0
6	C>B>A>D	決選投票	C=10, A=8
4	D>B>C>A	ボルダ投票	B=54, A=48, C=48, D=30

出典：筆者作成．

図9-1　18名による各投票ルールと投票の結果

　選好順位に応じて得点をつけ，総合点により投票を行うボルダ投票（Borda voting）ではどのような結果となるのか．ボルダ投票では，1 位は 4 点，2 位は 3 点，3 位は 2 点，4 位は 1 点として計上し，すべての選択肢が得た得点を合計して順位を決定する．その場合，B 案が最も得点数が高く，ボルダ勝者となる．例えば，A に関しては 1 位とした人が 8 名，3 位が 6 名、4 位が 4 名である．そのため．8 名 × 4 点，6 名 × 2 点、4 名 × 1 点として計算でき，合計は 32 ＋ 12 ＋ 4 ＝ 48 となる．

　つまり，合意形成の結果は全ての投票ルールで異なることが理解できる．コンドルセ投票もボルダ投票も，最多数投票と比較すると全体の意見を考慮できるという点で違いがある．コンドルセ投票においては，第 5 章で学んだように，投票のパラドックスとなる可能性があることに注意する必要がある．

　ここで重要となるのは，どの方法が望ましいのか，という議論である．この問いに答えるために，Buchanan and Tullock（1962）が示した最適多数について考える．彼らは，合意形成のために全員一致の確保が必要な場合，その交渉に意思決定費用が必要であると指摘した．また，反対派が賛成派の意見に強要されることで，調整が必要となるときの費用を政治的外部費用とした．この意思決定費用と政治的外部費用が最小となる人数が，合意に必要な人数であり，この人数を最適多数とした．この考えが示すのは，すべての人の意見を考慮し，全体として調整にかかる費用が少ない選択肢が望ましいということである．その意味において，全体の意見を平均的に反映し，得点によって順位を決定するボルダ勝者が相対的に望ましいと考えられる．

　ここまでは，国際的な枠組みや国際機関における取り組みを確認してきたが，隣接国など，特定の国との環境問題も存在する．なぜなら，地球全体の環境問題と比較して，隣接国からの汚染物質の越境問題は加害国と被害国という関係が浮き彫りになるためである．これらの問題は，経済学ではどのように考えることができるのか．

(3) ピグー税と排出権取引

　汚染物質などの排出量削減に関する議論の他にも，排出する権利を国際間で取引する方法も採用されている．ここでは，環境汚染という負の外部性を内部化する方法と，排出する権利を取引するという新たな市場の創設について考える．まず，企業の生産活動から排出される汚染物質が，他の企業（または消費者）にどのように影響するかを確認する．

　ここでは生産活動によって汚染物質を排出する企業1と，この汚染物質によって被害を受ける企業2（または消費者1）が存在することを想定する．汚染物質の排出量は生産量に応じて増加するため，生産量が多くなるほど企業2の被害は大きくなる．企業1が汚染物質による公害を考慮せず生産活動を行う場合，利潤最大化行動は価格と限界費用が等しくなる生産量，つまり図9-2では Q_b を生産する．企業の利益は価格と限界費用曲線の間の面積である三角形 pBE となる．しかし，企業2は汚染物質の排出から公害の負担を強いられており，生産量1単位当たり線分 DE 分だけ被害を受けている．そのため，汚染物質からの負担を含めた社会的限界費用が，社会全体として考える生産物の限界費用となる．

　もし企業1が汚染物質の排出を考慮した場合，つまり公害の負担を企業2へ金銭的に支払う場合，企業1の限界費用は社会的限界費用となる．この場

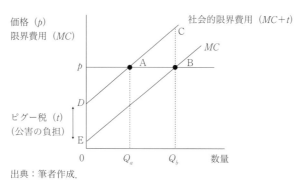

出典：筆者作成．

図9-2　ピグー課税

合，最適な生産量は Q_a となり，企業の利益は三角形 pAD となる．生産量が Q_b の場合，企業の利益は三角形 pBE であるが，企業 2 の負担分である CBED が社会的費用と考えられるため，三角形 CBA 分だけ社会的費用は大きく，さらにこの費用は企業 2 が支払う可能性もある．そのため，企業 1 には汚染物質の費用を考慮させることで，社会全体の効率性が高まることがわかる．

　このように，外部不経済を当事者の問題として合理的行動モデルへ組み込むことを外部性の内部化とよぶ．その 1 つの方法が，ピグー税である．

　ピグー税とは，政府などが公害の負担を正確に把握した上で，汚染物質を排出する企業などに課税という形式で負担してもらう方法である．つまり，公害の負担分である線分 DE 分をピグー税（t）として課すことで，社会的に最適な生産量である Q_a へと導くというものである．しかし，このピグー税を導入するためには，公害の負担分を正確に把握する必要があるので，この点が大きな課題となっている．

　次に，新たな市場の創設について考えるために，排出権取引や炭素税を取り上げる．現在，世界規模の環境問題を解決するために温室効果ガスの削減が進められているが，効果的な政策的手段の 1 つとして，排出権の取引や二酸化炭素の排出の価格付けなどによる外部性の内部化が進められている．2021 年 4 月時点では，フランス，イギリス，日本など 35 カ国が炭素税を導入している．また，排出量取引制度を採用している国は，EU 加盟国や韓国，そして都市としては，アメリカのカリフォルニア州や日本の東京都などがある．

　次節では，環境問題と同様に，国際的な枠組みで議論が必要となる貿易政策について考える．

3. 保護主義的貿易政策

(1) 関税導入の効果

① 自由貿易の利益

　人々はなぜ貿易をするのか．それは，貿易からいくつかの利益を得られるためである．さらに，経済学では，関税障壁をはじめとする貿易を阻害する諸政策はこの貿易の利益を阻害するとしている．そのため，近年では保護主義的な動きもみられるが，歴史的には自由貿易体制が支持されてきている．この自由貿易の利益とはどのようなものなのか．ここでは，余剰分析により提示された企業の輸出企業モデルを使用して，自由貿易の利益を説明する．

　国内の完全競争市場を対象とした余剰分析では，消費者余剰と生産者余剰の合計，つまり総余剰が最大になる状態が最も効率的な資源配分であることを確認した．ここでは，余剰分析により，国際貿易の利益が存在することを確認する．前提として，小国のケースと大国のケースがあることを説明する必要がある．輸入国が小国のケースでは，当該国の行動やその変化が国際価格に影響を与えず，大国のケースでは影響を与えるという仮定がある．

　本項の分析では，小国のケースを想定して余剰分析を行う．図9-3には，

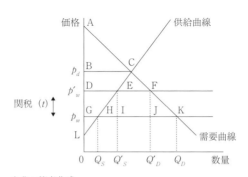

出典：筆者作成．

図 9-3　自由貿易の利益と関税導入の影響

海外との取引が行われていない閉鎖経済と，国際貿易による取引が行われている開放経済について，ある財の市場均衡がまとめられている．

　閉鎖経済における国内価格は p_d であり，消費者余剰は三角形 ACB，生産者余剰は三角形 BCL，総余剰は三角形 ACL となる．ここで，閉鎖経済から開放経済へ移行し，国際貿易が開始されることを想定する．国際価格が p_w であるため，需要量は Q_D，供給量は Q_S となる．この超過需要分を海外から輸入することで，閉鎖経済よりも国内供給者の供給量は減少するが，国内価格よりも低価格でより多くの消費が可能となる．消費者余剰は三角形 AKG，生産者余剰は三角形 GHL，総余剰は AKHL となる．つまり，開放経済の総余剰である AKHL から閉鎖経済の総余剰である三角形 ACL を差し引いた，三角形 CKH が貿易の利益となる．

②　関税導入の効果

　保護貿易政策によって，貿易の利益はどのように失われてしまうのか．余剰分析により，保護貿易政策が企業や国内経済に与える負の影響について考える．

　図 9-3 をもとに，関税導入の効果について考える．自国が輸入品 1 単位当たりに関税 t を課したとする．この関税は輸出企業が支払うため，関税分だけ見本の価格は上昇することとなり，関税導入後の価格は p'_w となる．需要量は Q'_D，供給量は Q'_S となり，輸入量は $Q'_D - Q'_S$ へと減少することとなる．関税は自国政府の収入となり，関税 t と輸入量 $Q'_D - Q'_S$ によって表される．この輸入関税導入によって，総余剰はどのように変化したのか．

　まず，消費者余剰は三角形 AFD へと減少し，生産者余剰は三角形 DEL へと増加する．そして，政府収入は四角形 EFJI となる．つまり，関税導入前の総余剰である AKHL から，三角形 EIH と二角形 FKJ 分だけ余剰が減少したことになる．この三角形 EIH と三角形 FKJ が死荷重となる．

　さらに，大国のケースでは世界全体は非効率になるが，保護貿易政策導入国は，唯一余剰を増加させられる可能性があるため，大国同士の貿易におい

ては，お互いが保護貿易政策を導入するインセンティブが働いてしまうこと
になる．

　保護貿易政策導入の理由として，いくつかの要因が考えられる．1つめは，
自国産業の保護である．余剰分析で確認した通り，自国の生産者余剰は貿易
開始により減少するので，自国の産業を輸入品との競合から保護するために
関税などの政策を導入することが考えられる．2つめは，有権者へのアピー
ルである．国内の生産者は，供給者であると同時に有権者でもあるため，得
票最大化行動によって保護貿易政策を導入する可能性がある．最後に，利益
団体によるロビー活動が考えられる．

　このメカニズムを説明するモデルが，Grossmann and Helpman（1996）に
よって提示された Protection for Sale モデルである．

（2）　関税の導入

①　Protection for Sale モデル

　現実において，なぜ純粋な自由貿易は実行されることが少ないのか．この
問いに応えるために，Protection for Sale モデルでは，政治家の得票最大化
行動のモデルにロビイストからの支援を組み込むことで，貿易政策の決定は
特定の利益団体からのロビー活動から影響を受けることを示している．

　本モデルでは，経済には労働と各産業特有の資本を供給する個人が無数に
存在している．すべての個人に関して選好は同一であり，唯一の違いは属す
る産業であるとする．つまり，属する産業によって保護貿易政策から受ける
影響が異なり，さらに生産者としての影響と消費者としての影響も異なるこ
とを意味する．組織化された産業においては，ロビイストを通じて政府へ影
響を与えることで，間接的に貿易政策の決定に影響を与える（図9-4）．

個人の選好 ➡ 利益団体 ➡ 政治家の選好 ➡ 貿易政策の決定

出典：Grossman and Helpman（1994）を参考に筆者作成．

図9-4　Protection for Sale モデル

　このとき政治家は，一国の富，消費者余剰，関税収入，そしてロビイストからの支援を考慮して自身の当選確率を最大化させるために行動する．例えば，関税を導入することで関税収入とロビイストからの支援を得ることができるかもしれないが，一国の富と消費者余剰の減少により得票数が減少する可能性がある．つまり，政治家はこのバランスを考慮して貿易政策について決定することになる．

　余剰分析では，生産者余剰と関税収入は増加するが，それ以上に消費者余剰の減少分が大きいため，死荷重が発生してしまうことが示されていた．もし経済全体の効率性を考えるのであれば，保護貿易政策は支持されないはずであり，政治家も関税は導入しないはずである．しかし，仮に死荷重が発生したとしても，関税導入により「得票を最大化」させることができるのであれば，関税導入による経済の非効率化が進められてしまう．この点は有権者側がしっかりと考えるべき点である．

　Grossman and Helpman（1994）の理論モデルは国内の問題を扱っているが，世界貿易機関（World Trade Organization: WTO）などの国際機関においてもロビー活動が存在することを指摘する研究も行われている[2]．データ分析の結果から，ビジネスグループがWTOの閣僚会議に参加することで，非関税措置などの保護貿易政策導入に影響を与えている可能性が明らかとなっている．日本では積極的に行われていないが，外国や国際機関においては，このロビー活動が政策決定の重要な要因となっていることを理解する必要がある．

②　二国間の関税戦争

　保護主義的貿易政策の施行には，相手国からの報復関税を考慮する必要がある．Protection for Saleモデルでは，政治家の得票最大化行動によって保護貿易政策が導入されるメカニズムを確認したが，外国の報復関税については考慮していなかった．ここでは，相手国の報復関税をモデルに組み込むことで，両国が保護貿易政策をより進めてしまう戦略により，世界全体が非効

率化する危険性について考える．これを関税戦争とよぶ．

　関税競争のモデルでは，各国の自由貿易と保護貿易政策から得られる利得は1つの数字として表記できるとする．世界はA国とB国によって構成されており，両国は貿易を開始するにあたって自由貿易政策と保護貿易政策のいずれかを同時に選択するゲームに直面している．A国とB国の利得は図9-5にまとめられている．

　まず，A国が自由貿易政策，つまり無関税での貿易開始を選択した場合，B国も自由貿易政策を導入するケースでは80，B国が保護貿易政策を導入するケースでは30の利得を得る．次に，A国が保護貿易政策を導入した場合，B国が自由貿易政策と選択するケースでは100，B国が保護貿易政策を導入するケースでは40の利得を得る．この利得は，A国とB国を逆転させた場合も同じである．

　このとき，世界全体の利得が最も多くなるのは，お互いが無関税で貿易を開始するという選択である．しかし，両国とも自国の利得のみを優先させる場合，相手の戦略に関係なく，保護貿易政策を導入した方が高い利得を得ることがわかる．結果として，両国とも保護貿易政策を導入することで，それぞれの利得は40となり，世界全体の利得も自由貿易体制と比較すると半減していることがわかる．

　このように，協力しない場合の結果よりもお互いが協力することで得られる結果の方が良いことを理解していても，協力しないという選択肢がより魅力的となってしまう状況を，囚人のジレンマとよぶ．このジレンマを解消するためにはどのような方法が考えられるのか．次節では，多国間での国際的

		B国	
		自由貿易	保護貿易
A国	自由貿易	80, 80	30, 100
	保護貿易	100, 30	40, 40

出典：筆者作成．

図9-5　関税戦争のゲーム

な交渉の枠組みについて考える．

（3）　国際機関と貿易交渉

　第二次世界大戦後，統一的な世界経済システムを再建することは大きな課題となっていた．そのため，自由貿易体制と為替の自由化を目指し，関税及び貿易に関する一般協定（GATT）と国際通貨基金（IMF）を中心とした世界経済システムが再構築された．

　1948年に発足したGATTは，最恵国待遇と内国民待遇による無差別原則を規定するなど，自由貿易促進のために貢献した．最恵国待遇とは，加盟国は他の全ての加盟国に同等の貿易条件を与えることを意味している．そのため，ある財について関税が引き下げられた場合，原則的にすべての国に引き下げられた関税率が課されることになる．内国民待遇とは，国内市場において国産品と外国製品を税制やその他の点で同等な扱いをすることを意味する．つまり，国産品と外国製品を差別してはいけないということである．

　GATTによる自由貿易体制は，主に工業製品の関税率に関する協定であった．しかし，国際経済における各国企業の活動が複雑化するにつれ，企業への補助金，アンチダンピング，農産品貿易，サービス貿易，知的所有権，紛争解決処理の方法など，多くのテーマについてラウンドとよばれる貿易交渉が行われてきた．自由貿易体制は多角的に議論されることになり，それに伴いGATTはWTOへと移行することとなる．

　WTOは，1995年にGATTの後身として設立された国際機関である．当初は76カ国であった加盟国は，2020年末時点では164の国と地域にまで拡大している．このWTO協定により，無差別原則に加えて，関税以外の貿易に関連するさまざまな国際ルールが定められている．まず，従来規定されていた貿易ルールの強化として，農産品や繊維などの貿易に関する協定，セーフガードやアンチダンピングなどの協定の改正などを行った．次に，新たな分野の貿易ルールとして，サービス貿易，知的財産所有権，投資に関する協定が作成された．さらに，WTOには先進国と発展途上国が共存しており，

紛争を解決するための手続きが必要となっていた．そのため，統一的な手続きにより手続きの実効性が強化され，小委員会（パネル）に加えて上級委員会も設置された．

　2020年末時点で，WTO加盟国に占める発展途上国の割合は約75%である．そのため，WTOには発展途上国に対する優遇制度も存在している．この優遇制度は特別かつ異なる待遇（Special and Different Treatment: S&DT）とよばれ，発展段階に応じて規制の実施期限の延期，農業補助金などが含まれる．また，発展途上国は農業や工業における特定の産業部門において，国内市場よりも安い価格で先進国へ輸出することが許されている．これは，価格競争力をもたせるためである．さらに，これらの産業部門においては高率の輸入関税を課すことで国内産業を保護することも許されている．このように，WTO体制では発展途上国の経済発展をサポートするための制度が整備されている．

　一方で，WTOの交渉においては，先進国と発展途上国，農産品輸出国と輸入国といった対立関係があり，交渉が難航していることも事実である．2001年からのドーハ・ラウンドでは，一括受諾（シングル・アンダーテーキング）方式が採用されており，交渉分野を一括して受諾するかを決定する必要があった．そのため，農業などの特定分野における対立は，全体の交渉分野の受諾を遅らせた．この事実は，WTOルールの範囲で，各国が個別の貿易協定を締結するインセンティブともなった．

　WTOが創設された1995年以降，自由貿易協定（Free Trade Agreement: FTA）と経済連携協定（Economic Partnership Agreement: EPA）が貿易交渉の主流となっていった．FTAとは，「特定の国や地域の間で，物品の関税やサービス貿易の障壁等を削減・撤廃することを目的とする協定」であり，EPAは「貿易の自由化に加え，投資，人の移動，知的財産の保護や競争政策におけるルール作り，さまざまな分野での協力の要素等を含む，幅広い経済関係の強化を目的とする協定」である[3]．GATT第24条およびサービスの貿易に関する一般協定（General Agreement on Trade in Service: GATS）第

5条では，このFTAとEPAの交渉を条件付きで容認している．

　現在までの日本の貿易協定は主にEPAであり，幅広い分野において交渉を進めてきた．この貿易協定には，二国間協定や，ASEANやEUなどの地域経済統合との協定もある．近年では日本も環太平洋パートナーシップ（Trans-Pacific Partnership: TPP）協定や，東アジア地域包括的経済連携（Regional Comprehensive Economic Partnership: RCEP）協定などに参加することで，多国間協定を締結している．WTOとは異なり，FTAやEPAは交渉のスピードが早く，自由貿易を促進させているが，協定数の多さについて問題視する声がある．

　最後に，最も重要となるのが，WTO体制との関係である．FTAやEPAはあくまでもWTOルールの下で進められており，補完的であるべきという考えと，WTO体制での交渉は難航しているため，FTAやEPAを中心に貿易協定締結を進めるべきであるという意見がある．重要な点は，世界全体での自由貿易体制の進展と，問題が発生したときの紛争処理方法である．経済的ショックなどが発生した場合にも，やはり世界全体で貿易体制を議論する必要があるため，今後もWTO体制とFTA・EPAの補完的関係性は維持されるべきであろう．

　　注
1)　詳細はTsebelis（2002）（眞柄・井戸訳［2009］）および岩崎（2015）を参照．
2)　詳細はHerghelegiu（2018）を参照．
3)　経済産業省ホームページ「我が国の経済連携協定（EPA／FTA）等の取組」．

III.　情報・データによる分析：実証分析

第**10**章
投票率と内閣支持率

1. 投 票 率

(1) 投票率の把握

有権者の行動を分析する上で，投票率を把握することは非常に重要な役割を担っている．投票率を把握する方法はいくつかあり，目的に応じてそれぞれの統計データを使用する必要がある．ここでは，主に日本の投票率に関する統計データについて，日本全体または都道府県を対象としたマクロレベルの統計データと，個人を対象としたミクロレベルの個票データの特徴について考える．

まず，マクロレベルの統計データは地理的な区分によって分けられており，日本全体を対象としたものや，都道府県や市区町村レベルでの統計データも存在している．前者については，総務省から国政選挙である衆議院議員総選挙と参議院議員通常選挙を対象とした統計データが公表されている．都道府県や市区町村レベルでの投票率については，地方自治体ごとに対応が異なっている．マクロレベルでの統計データは，投票者の年代別にも公開されている．つまり，第6章で学んだように若年層の棄権行動や，中位投票者のシフトについてはこれらの統計データから確認できることがわかる．この点は次項で説明することとする．

マクロレベルの統計データによって，投票の棄権行動についても分析することが可能となる．例えば，選挙管理委員会や地方自治体によって行われる

アンケート調査が考えられる．これらのアンケート調査では，投票の有無や，投票を棄権した理由など，平均的ではあるが投票の棄権行動についての傾向を確認することができる．しかし，個々人の属性などは考慮できないため，マクロデータの使用目的はあくまでも全体の傾向を分析することとなる．それでは，個々人の属性などを反映させた分析を行うためには，どのような方法が考えられるのか．

　日本において，個人の属性や投票の有無，投票棄権の理由などを網羅した公的な統計データは存在していない．このようなミクロレベルの個票データは，大学や研究所レベル，または研究者レベルのアンケート調査などによって収集されることが一般的である．個々のプロジェクトにより目的に応じた量的・質的データが収集され，研究成果として公開される．このように，有権者の投票行動を分析するための統計データはまだまだ整備不足であり，公的な統計データとして整備される必要がある．

(2)　日本における投票率の推移

　日本における投票率は，長期で低下傾向にある．表 10-1 は衆議院議員総選挙の年代別投票率の推移である．1990 年には 73.3% であった全体の投票率は，第 44 回・第 45 回を除き低下傾向にあり，第 47 回選挙では第二次世界大戦後最低となる 52.7% を記録した．また，コロナ禍に行われた第 49 回選挙についても，政治への関心は高まっていたかに見えたが，投票率は 55.9% となり，第二次世界大戦後 3 番目となる低投票率となった．この結果は，有権者の約半分は投票しておらず，残りの半分の意見が国民の意見となってしまっていることを意味している．

　次に，世代別の投票率の推移について概観する．まず，第 31 回選挙では，70 歳代以上の投票率が最も低く，最も投票率が高かったのは 50 歳代の 82.7% であった．その後，20 歳代と 30 歳代の投票率は第 31 回選挙の投票率を上回ることなく，緩やかに低下していった．一方，50 歳代，60 歳代，70 歳代以上の投票率は上昇と下降を繰り返していたが，第 45 回選挙以降は

表 10-1　衆議院議員総選挙における年代別投票率の推移（％）

回	年	全体	10 歳代	20 歳代	30 歳代	40 歳代	50 歳代	60 歳代	70 歳代以上
31	1967	74.0		66.7	77.9	82.1	82.7	77.1	56.8
32	1969	68.5		59.6	71.2	78.3	80.2	77.7	62.5
33	1972	71.8		61.9	75.5	81.8	83.4	82.3	68.0
34	1976	73.5		63.5	77.4	82.3	84.6	84.1	71.4
35	1979	68.0		57.8	71.1	77.8	80.8	81.0	67.7
36	1980	74.6		63.1	75.9	81.9	85.2	84.8	69.7
37	1983	67.9		54.1	68.3	75.4	80.5	82.4	68.4
38	1986	71.4		56.9	72.2	78.0	82.7	85.7	72.4
39	1990	73.3		57.8	76.0	81.4	84.9	87.2	73.2
40	1993	67.3		47.5	68.5	74.5	79.3	83.4	71.6
41	1996	59.7		36.4	57.5	65.5	70.6	77.3	66.9
42	2000	62.5		38.4	56.8	68.1	72.0	79.2	69.3
43	2003	59.9		35.6	50.7	64.7	70.0	77.9	67.8
44	2005	67.5		46.2	59.8	71.9	77.9	83.1	69.5
45	2009	69.3		49.5	63.9	72.6	79.7	84.2	71.1
46	2012	59.3		37.9	50.1	59.4	68.0	74.9	63.3
47	2014	52.7		32.6	42.1	50.0	60.1	68.3	59.5
48	2017	53.7	40.5	33.9	44.8	53.5	63.3	72.0	60.9
49	2021	55.9	43.2	36.5	47.1	55.6	63.0	71.4	62.0

出典：総務省ホームページの数値を参考に筆者作成．

低下傾向にある．また直近の第 48 回・第 49 回選挙については，10 歳代よりも 20 歳代の投票率が低く，さらにこれらの世代は全世代の中でも 1 番目と 2 番目に低い投票率となっている．

　つまり，第 6 章で学んだように，若年層の人口減と投票率低下により中位投票者が高齢者寄りにシフトしている可能性があることがわかる．しかし，第 6 章の例では，中位投票者の定理はあくまでも若年層と高齢者層が両極端に位置していることを仮定していた．政策によってはこのような設定は非現実的であるため，この点に注意する必要がある．

(3)　投票率の決定要因

　有権者の投票行動の結果として，個々人の投票の有無や，日本全体の投票率などの指標が存在する．それでは，これらの投票行動を決定している要因

132

はどのようなものなのか．ここでは，合理的投票モデルに基づく考え方と，マクロ・ミクロレベルそれぞれの要因について考える．

　まず，第4章でも議論したように，合理的投票モデルに基づいて投票行動の決定要因について考える．合理的投票モデルでは候補者間の公約の違い，自身の投票が候補者の当選確率に与える確率，投票にかかる費用，そしてその他の義務感などの要素によって構成されていた．これらの各要因を指標化し，個人の投票行動や，一国全体の投票率にどのように影響を与えているかを分析することで，投票率上昇などについて政策的な議論が可能になる．

　マクロ・ミクロレベルで考えるとは，どの単位で決定要因について考えるかということである．ここでは国全体と地方自治体全体を対象としたものをマクロレベル，個人を対象としたものをミクロレベルとよぶ．

　まず，マクロレベルの分析としては，国全体や地方自治体全体の投票率について，何が決定要因となっているかという点が重要となる．ここでは，時期と分析単位について考える．時期とは，選挙が行われた時期はどのような経済・社会情勢であったかという点である．分析単位とは分析対象の単位を意味し，一国全体，都道府県全体，市区町村全体など，さまざまな単位が含まれる．すでに説明した通り，その年によって経済・社会情勢は変化するため，この時期と分析単位を組み合わせて投票率の決定要因を考える必要もある．

　ミクロレベルの分析では，マクロレベルの要因に加えて個人の属性を考慮する．この個人の属性には，年齢，学歴，所得，イデオロギーなど，さまざまなものが考えられる．ミクロレベルの分析の意義は，マクロレベルでの分析では捉えきれない個人単位での投票行動を分析できる点にある．マクロレベルでは分析が困難である投票行動の決定要因を分析することで，より詳細な政策的議論が可能となる．

　ここで重要なのは，マクロ・ミクロレベルどちらの分析においても，理論モデルに沿って分析手法や統計データを決定する必要があるという点である．また，上記の分析は，あくまでも現状を把握するための分析であり，投票率

上昇のための施策の効果を測定するものではない．新たな施策導入の効果を測定するためには，シミュレーションや社会的な実験が必要となるが，この点については第 13 章で説明する．

2.　内閣支持率

(1)　内閣支持率の把握

　内閣支持率も国民の声を表す指標の 1 つとなるが，この内閣支持率はどのように把握されるのか．一般的に，日本では報道機関が行う世論調査によって内閣支持率の実態が把握されている．しかし，この内閣支持率を読み解くためには，いくつかの点に注意する必要がある．

　塩沢（2009）は，「賛成（支持）」と「反対（不支持）」の二者択一の選択肢では国民の声は捉えきれないと主張している．つまり，民意や世論がより多様化する時期において，世論調査では国民の声は捉えきれない，または比較的おぼろげな形となって存在するため，各媒体が公表する世論調査の結果に，通常の時期よりも大きな違いが生じる可能性がある．

　亘（2011）や吉田（2018a）では，世論調査の結果において生じる偏りに関して注意を必要とすることが主張されている．まず質問項目であるが，質問内容を変化させることによって特定の結果へと人為的に誘導し，世論が操作されている可能性がある．これはワーディング（Wording）とよばれ，世論調査を行う媒体間の結果に差が生じるため，結果の単純な比較は危険であることが指摘されている．また，世論調査の有効回答数や個人の属性の違いなどによっても結果に偏りが生じる可能性があるため，注意が必要であるともいう．現在，日本での世論調査の主な方法は無作為抽出法（ランダムサンプリング）を考慮した RDD（Random Digit Dialing）法による電話調査であり，手法による差は大きくないと考える．

　これらの問題を考慮して，REAL POLITICS JAPAN では，ポリティカルマーケティング分野の企業であるピーエムラボが開発した PML Index を公

表している．

　いくつかの報道機関が世論調査を行っているが，ワーディング，有効回答数，個人の属性の違いなどによっても結果に偏りが生じる可能性がある．PML Index はこれらの偏りを排除するために，日本国内の主要報道機関 10 社が公表する政権支持率の結果を平均化し，さらにピーエムラボ独自のスコアを掛け合わせた数値である．

　図 10-1 は，PML Index の手法を採用し，2010 年 4 月から 2021 年 4 月までの期間において，国内主要報道機関 12 社が公表した内閣支持率と不支持率を平均化した数値である．ここでは，PML Index では反映させているピーエムラボが算出した独自のスコアは考慮されていない．

　まず，2013 年 1 月までは平均的に内閣支持率よりも不支持率の方が高い傾向にあったが，それ以降は内閣支持率の方が高い傾向にある．この現象は，2012 年 12 月に行われた第 46 回衆議院議員総選挙における自民党の圧勝，そして野田内閣から安倍内閣への政権交代によって説明できる．また，2020 年 1 月以降は新型コロナウイルス感染症対策への不満から内閣支持率は低下

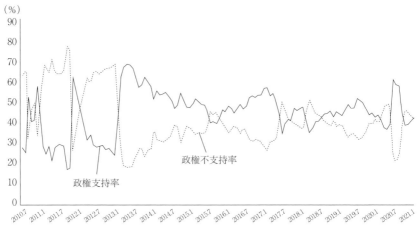

出典：REAL POLITICS JAPAN により集計された各社の世論調査の数値を参考に筆者作成．
注：2020 年 6 月の値は除外されている．

図 10-1　政権支持率と不支持率の推移

傾向にあったが，菅内閣が発足した 2020 年 9 月には，政権への期待から一時的に内閣支持率が回復していた．

　公共選択論では，政治家はこのような現政権に対する国民の声を考慮することで，次期選挙を見据えて行動することを予見している．

(2)　政党支持率の把握

　政党支持率は，有権者のイデオロギーを確認するために重要な指標となる．内閣支持率と同様に，PML Index の指標を採用し，2018 年 1 月から 2021 年 4 月までの期間において主要報道機関 12 社が公表した政党支持率を平均化した数値がまとめられている．ここでは自由民主党，立憲民主党，公明党，日本共産党，日本維新の会，社会民主党を対象に政党支持率について考える．

　表 10-2 を見ると，当該期間において最も多くの支持を得ているのは自由民主党であり，平均で約 37% の支持を得ていることがわかる．次に支持率が高い政党は立憲民主党であるが，平均支持率は約 8% であり，自由民主党とは 4 倍以上の差となっている．その後は公明党，日本共産党，日本維新の会が続き，社会民主党が最も支持率が低くなっている．

　次に，時系列での変化について考えてみる．自由民主党については，平均的には大きな変化はない．唯一の大きな変化は，2020 年 7 月に最も低い 32% を記録したが，直後の 9 月には菅政権発足により支持率が 10% 以上回復した時期に見られた．また，他の政党についても時系列では大きな変化はなく，日本において支持政党によって表出するイデオロギーは，ある程度固定されていることがわかる．

　これらの調査は異なる個人を対象としており，同じグループを対象とした追跡調査ではないため，個人の考えの変化や継続性を把握できないので注意を要する．さらに，ここでは政党支持率を合計しても 100% に満たないという点にも注目しなければならない．無党派層の存在である．

（3） 無党派層

日本では一定数の無党派層がおり，その存在は無視できなくなっている．表10-2では無党派層の割合もまとめられているが，その平均値は39%と高く，最も支持率が高かった自由民主党よりも高い数値となっている．そして，時系列でも大きな変化はなく，日本の特徴として無党派層が占める割合が大きいことがわかる．

この無党派層の存在はどのように考えればいいのか．ここでは，第5章と6章でも重要な概念となっていた浮動票投票者について再度考えてみる．理論モデルにおける浮動票投票者とは，イデオロギーなどの経済的要素以外の選好について偏りがなく，経済的要素以外の選好が強い人と比較して投票先が揺れ動く可能性の高い人であるとされていた．つまり，イデオロギーの特徴として，$\sigma^{ij} = \sigma_B^{ij} - \sigma_A^{ij} = 0$ である有権者を浮動票投票者と定義していた．与党と野党という対立軸を考えた場合，日本のイデオロギーは与党側と浮動票投票者に偏っており，第5章と第6章で仮定した分布のように均一にはなっていないことがわかる．

無党派層に加えて，内閣を支持するか，それとも支持しないかの判断ができない層も増えている．この事実を確認するために，全体（100%）から内閣支持者と不支持者の割合を引くことで，支持・不支持を判断できない人々の割合を計算する．図10-2では，内閣を支持するかどうかを判断できない人々の割合について，その推移がまとめられており，さらにその傾向（トレンド）も示されている．

まず，2012年12月までは平均的に10%未満であった数値が，2013年1月以降は継続して10%を超えており，2021年4月までの平均値は14%となっている．つまり，100人のうち14人は内閣に対する自身の考えを判断できない，または中立な立場となっている．そして，コロナ禍の2020年9月に菅内閣が発足したとき，内閣支持率は急回復したが，同時に内閣に対する立場を判断できない人々の割合も平均値ではあるが20%となった．これは，コロナ禍において，緊急事態宣言，休業要請，給付金など，多くの政策

表 10-2　政党支持率の推移（%）

年月	自由民主党	立憲民主党	公明党	日本共産党	日本維新の会	社会民主党	無党派層
2018. 1	37	11	3	3	2	0	37
2018. 2	38	11	3	3	2	1	37
2018. 3	35	11	4	3	2	1	38
2018. 4	34	11	3	3	2	1	41
2018. 5	35	11	4	3	2	1	40
2018. 6	37	10	3	3	1	1	40
2018. 7	36	10	3	3	1	1	41
2018. 8	38	8	3	3	1	1	41
2018. 9	39	6	3	3	1	1	41
2018.10	39	7	4	3	1	1	40
2018.11	38	8	4	3	1	0	40
2018.12	34	9	4	3	1	0	43
2019. 1	38	7	4	3	1	1	42
2019. 2	37	7	4	3	2	1	41
2019. 3	37	7	4	3	2	1	41
2019. 4	37	7	4	3	2	1	40
2019. 5	37	6	4	3	3	0	40
2019. 6	37	7	4	3	3	1	39
2019. 7	36	8	4	4	4	1	35
2019. 8	38	8	4	3	4	1	35
2019. 9	39	7	4	3	3	1	36
2019.10	39	7	4	3	3	1	37
2019.11	38	7	4	4	2	0	37
2019.12	36	7	3	3	2	1	41
2020. 1	38	7	3	3	2	1	38
2020. 2	37	7	3	3	2	0	39
2020. 3	36	7	4	3	2	1	41
2020. 4	34	6	4	3	3	1	42
2020. 5	33	7	4	4	6	1	40
2020. 7	32	6	4	3	4	0	44
2020. 8	36	6	4	3	4	1	40
2020. 9	43	7	4	3	3	0	31
2020.10	41	6	3	3	2	0	39
2020.11	41	6	3	3	3	1	38
2020.12	38	6	3	3	3	0	40
2021. 1	36	7	4	3	3	0	41
2021. 2	36	8	3	3	3	0	37
2021. 3	37	7	3	3	3	1	41
2021. 4	37	7	4	3	3	0	40
平均	37	8	4	3	3	1	39

出典：REAL POLITICS JAPAN により集計された各社の世論調査の数値を参考に筆者作成．
注：2020 年 6 月の値は除外されている．

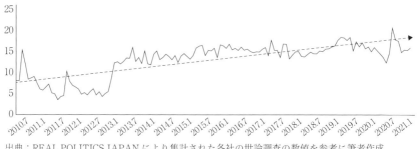

出典：REAL POLITICS JAPAN により集計された各社の世論調査の数値を参考に筆者作成.
注：2020 年 6 月の値は除外されている.

図 10-2　内閣支持・不支持を判断できない人々の割合

について考える必要があった点と，安全保障と経済のバランスについても考える必要があったことが 1 つの要因であったと思われる.

3.　揺れ動く内閣支持率

(1)　ポリフォニー性

　内閣支持率や世論調査の解釈について，世界全体でその重要性が一層増してきている．2020 年 11 月 1 日，大阪都構想の賛否を問うための住民投票が行われ，反対票が 50.6%，賛成票が 49.4% を占め，反対多数という結果となった．この結果は直前の 10 月 30，31 日に行われた世論調査の結果（反対 46.6%・賛成 45%）と整合的であり，世論調査は住民の意思を捉えていたと考えられる[1].

　しかし，2020 年 11 月 3 日に投開票が行われたアメリカ大統領選挙では，状況は大きく異なっていた．事前に行われた世論調査では，多くの州において民主党候補者であったバイデンが優勢であり，トランプは劣勢に立たされているとの報道が飛び交っていた．だが，ふたを開けてみるといくつかの州において，世論調査の結果とは異なる投票結果が出ることとなった.

　世論調査の結果と選挙結果に乖離が存在している状態は，どのように判断

するべきなのか．その説明の 1 つとして，国民の声の多様性を捉えきれていない可能性がある．

　国民の声とは，支持または不支持によってのみ表現されるものであろうか．すでに説明した通り，世論調査によって得られる結果は多くの偏りを含んでおり，さらに回答者の意思を正確に捉えるには限界がある．そこには，国民の声の多様性が存在するからである．人々の意見は単一的に捉えきれるものではなく，固定的なものでもない．

　このような国民の声が揺れ動く様子，つまりその多様性は，しばしば音楽用語で多声音楽を意味するポリフォニー（Polyphony）によって例えられる（吉田 2018a）．世論調査の解釈が重要となる状況において，ポリフォニーとしての国民の声をどのように捉えるかを考察し，その多様性を数値化することは非常に重要である．

　ここからは，既存の世論調査結果のデータから国民の声について，ポリフォニー性を表す新たな指標を開発することで，国民の声が揺れ動くさまを捉え，さらに国民の声の多様性はどのような要因によって揺り動かされるかについて考える．

（2）　ポリフォニー性の計測
①　計測方法

　平均値や生存率，支持率などが等しいかどうかを統計的に検定するとき，通常は対象とする標本が 2 つ以下の場合には t 検定が採用される[2]．しかし，3 つ以上の標本を含めた分析を行う場合は注意が必要となる．この問題を回避するためには，分散分析（Analysis of variance: ANOVA）の手法を採用する必要があるが，今回はその中でも多重比較（Multiple comparison）検定を採用することで，各社が実施した世論調査の結果に統計的に有意な差が存在するかを確認する[3]．

　本分析においては，新聞・報道各社が行った世論調査とは異なる個々人が対象となっており，対応関係なしとなるため，分散分析の中でも一元配置の

分散分析を行う[4]．この一元配置の分散分析では，いずれかの分析対象間において，統計的に有意に異なった結果が存在するかどうかを確認できる．しかし，どの対象間で違いがあるかを確認するためには，通常は等分散性検定である Bartlett 検定を行い，分散が均一であることを確認後に多重比較を行うため，本分析でもこれらの手法を採用する[5]．

② データクリーニング

　分析では，2013 年 1 月から 2020 年 6 月の期間において以下の新聞・報道 12 媒体（朝日新聞，読売新聞，毎日新聞，日本経済新聞〔テレビ東京〕，共同通信，時事通信，日本放送協会〔NHK〕，日本テレビ，Japan News Network〔JNN〕，産経新聞〔Fuji News Network，FNN〕，新報道 2001，報道ステーション）が行った世論調査の結果を使用する．本データには世論調査施行年月日，有効回答数，内閣支持率，内閣不支持率，各政党支持率など，多重比較を行うために必要な情報が含まれている[6]．

　多重比較分析を行うためには「個人レベル」のデータが求められる．つまり，回答者が 1000 名であった場合は個人ごとに内閣支持の有無に関するデータが必要となる．既存のデータでは内閣支持率の総計のみが提供されているため，本分析では追加的な作業を行った．まず，有効回答数および内閣支持率を使用することで，有効回答者数，内閣支持者数，それ以外の回答者数を計算した．そして，全ての期間において新聞・報道 12 媒体が行った世論調査を対象にこの作業を行うことで，合計 152 万 1957 名の擬似データを作成した[7]．これらの擬似データを月次データとして使用することで，月別にどの程度，各媒体の内閣支持率が統計的に有意に異なっているかを明らかにする．

③ 計測結果

　まず，全媒体における世論調査の結果において，いずれかの媒体間で統計的に有意に異なる結果が存在するかを確認する．全媒体を対象とした一元配

置の分散分析の結果から，対象とする全ての年月において，いずれかの媒体間において内閣支持率の結果が 1% 水準で統計的に有意に異なっていることが明らかとなった．この結果から，以下の 2 点が再確認された．

　1 点めは，世論調査の偏りについてである．多くの研究においてもワーディングやサンプルサイズの問題から，各媒体が提供する世論調査が偏ったものになっている可能性が指摘されていたが，本分析結果からもこれらの問題が検出された．2 点めは，常に国民の声が揺れ動いている可能性である．1 点めに関しては，常に結果が偏っている媒体間での問題であり，もし通常は結果が似通っている媒体間の内閣支持率が統計的に有意に異なる時期があった場合，これは世論が揺れ動いていると言えるのではないか．つまり，世論には規模とは関係なくそこにポリフォニー性（多様性）が存在するし，これらのポリフォニー性（多様性）が顕著になる時期が存在する可能性がある．そのため，これらの程度を数値化することで，世論のポリフォニー性（多様性）が動く様子を捉えられるのではないか．

　次に，2 点めの問題を明らかにするために，多重比較分析を行う．

　ここからは，Bartlett 検定を行うことで分散不均一性の問題を確認し，その後に多重比較分析の結果を概観する．まず，Bartlett 検定により，2013 年 2 月から 5 月，2017 年 7 月，2018 年 3 月・4 月，2020 年 5 月のみ分散が不均一であるとの結果が出ている．これは，P 値が 0.01 以下であり，1% 水準で有意であることから判断している．ここでは，P 値が 0.01 以下とは，分散が不均一である確率が 1% 以下であることを意味する．つまり当該期間以外の期間において分散は均一であり，多重比較分析を行うための条件を満たしている．これらの結果から，多重比較を行うための条件を満たしていると考える．

　次に，多重分析の結果であるが，対象とする年月によって大きく数値が異なっていることが明らかとなった．ここでも，P 値の大きさによって統計的に有意差があるかどうかを判断でき，本節ではそれぞれ 1% 水準で有意に内閣支持率が異なる媒体の組み合わせ数を指標作成に含めている．しかし，

データの制約から，対象とする媒体数が期間によって異なっているため，単純に内閣支持率が異なるとされた媒体の組み合わせ数のみを確認してしまうと偏りが出てしまう．つまり，より多くの媒体が含まれている期間において，内閣支持率が異なる組み合わせの数が多くなってしまうという問題が発生する．そこで本節では，全ての媒体の組み合わせ数を分母，統計的に有意に内閣支持率が異なるとされた媒体の組み合わせ数を分子に置くことで，以下のように相対的な数値を作成する[8]．

　Polyphony＝内閣支持率が異なる媒体の組み合わせ数／総組み合わせ数

(10-1)

　ここで，*Polyphony* は国民の声のポリフォニー性（多様性）を意味する．当該数値は 0 から 1 までの数値である．国民の声が揺れ動いていない時期に関しても，ワーディングなどにより各媒体の結果は偏っているため，ある一定規模の数値が算出されてしまう．しかし，このある一定の数値以上に当該数値が大きくなった場合，国民の声が揺れ動いていると考える．そのため，当該数値は，数値が大きくなるほど，より国民の声が揺れ動くことを意味する相対的な指標となる．

(3)　日本におけるポリフォニー性

　日本における国民の声はどのように揺れ動いているのか．図 10-3 は，前項（有意水準 1%）の分析結果を時系列でまとめたものである[9]．横軸は分析期間，縦軸は *Polyphony* を意味する．また，点線（横線）はそれぞれの *Polyphony* の平均値を表し，点線（縦線）は国政選挙が行われた期間を表している．有意水準 1% の結果では *Polyphony* の平均値は 0.3 であった．

　このことから，世論調査の結果に関して，常に一定数の媒体間では統計的に有意な差が存在し，これらがワーディングや調査方法の問題による偏りであると考えられる．しかし，これらの数値以上に数値が大きくなる時期が明確に存在する．最も数値が大きくなっているのは 2017 年 10 月であり，これ

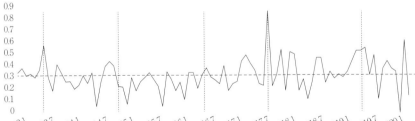

出典：REAL POLITICS JAPAN から取得した各媒体の数値を参考に筆者作成．
注：点線（横）は平均値，点線（縦）は国政選挙が行われた年月を意味する．

図 10-3　国民の声のポリフォニー性（2013-20 年，有意水準 1％）

は第 48 回衆議院議員総選挙が行われた期間である．当該期間の数値は 0.82
となっており，国民の声の揺れ動くさまが捉えられていると考えられる．次
に数値が大きかったのは新型コロナ感染症（COVID-19）拡大期であった
2020 年 5 月であり，*Polyphony* は 0.58 であった．当該時期は COVID-19 対
策において国民感情が大きく揺れ動いた時期であり，政府の対応に国民が強
く注目した時期であったといえよう．また，2013 年 7 月に関しても数値が
大きくなっているが，これは第 23 回参議院議員通常選挙が行われた時期で
ある．*Polyphony* は 0.54 であり，2020 年 6 月の動きと類似していることか
ら，国民の声はこれら 2 つの時期においては同程度に揺れ動いていた可能性
が示唆されている．しかし，これらの結果は図に記載されている以外の要因
に影響を受けていた可能性も高いため，解釈には注意が必要となる．

　国政選挙は国民の代表を選出する重要な選挙であり，ポリフォニー性の観
点から，国民の声の多様性が顕著になることは容易に想像できる．そのため，
国政選挙の時期には国民の声は揺れ動き，多様性を有することになるので，
いかにしてこれらの多様性を捉えるかが重要である．一方，選挙時期以外で
は国民の声の多様性は相対的に縮小するという結果に関しては，注視する必
要がある．選挙時期には候補者たちはさまざまな媒体を介して有権者にア
ピールし，有権者も多くの媒体を通じて情報を収集する．その結果として，
選挙期間以外と比較すると国民の声の多様性が顕著になる．逆に，選挙期間

以外では，有権者は政府や政治に関して相対的に関心が薄まり，国民の声の多様性も縮小することになる．そのため，選挙期間以外では政治に無関心な層の感情は揺れ動かず，世論調査の結果も各媒体間で均質化する．

　つまり，この分析結果は選挙期間中の国民の声の多様性を捉える一方，選挙期間以外の政治への無関心といった問題を同時に浮き彫りにさせたといえる．

　ここではいくつか注意すべき点がある．1点めは，国民の声の多様性は捉えているが，その中身に関しては言及できていないことである．2点めは，国民の声の多様性は捉えているが，支持から不支持へと，または不支持から支持へと揺れ動く様子は捉えきれていない．3点めに，国民の声に影響を与えている要因は選挙以外にも多く存在するため，これらの要因を特定することが必要となる．そのためには統計的な手法により分析する必要があるが，詳細は第13章にて説明することとする．

　注
1) ABCテレビ・JX通信社世論調査（最終閲覧日：2020年11月5日　https://www.asahi.co.jp/abc-jx-tokoso/）.
2) t検定とは，対象とする2つのグループの平均値に差があるかについて，母集団が正規分布に従うと仮定して行われる検定の手法である．
3) 分散分析とは，グループが3つ以上の場合に，ある変数について（母集団の）平均が異なるかどうかを，分散の大きさによって検定する方法である．分散分析は一元配置と二元配置に分けられ，グループを識別する要素が1つの場合（例えば居住地）は一元配置，2つの場合（例えば居住地と性別）は二元配置となる．また，比較するグループが3つより多く，どのグループ間で平均に差があるかを特定するのが多重比較検定である．
4) 対応関係があるとは，すべての世論調査に「同じ人々が全員」回答している状況であり，その他は対応関係なしとなる．統計ソフトであるSTATAにおいて，onewayコマンドを使用することで検定を行う．
5) 詳細は高木（2014）を参照．今回は統計ソフトであるSTATAにおいて，検定結果が厳しくなるという傾向があるonewayコマンドのbonferroniオプションを使用することで検定を行う．
6) 注意すべきは，分析期間によって含まれる媒体数は異なる点である．また，産

経新聞（FNN）に関しては，2019 年 5 月から 2020 年 5 月までデータの不正入力が行われていたことが明らかとなっているため，当該期間のサンプルからは除外している．

7)　注 5）と同．

8)　本指標は「支持」から「不支持」への変動といった国民感情の揺れ動くさまは捉えておらず，あくまでも世論の「多様性」を世論の揺れ動きとして捉えるものである．

9)　繰り返しとなるが，分析期間によって含まれる媒体数は異なる点に留意する必要がある．また，産経新聞（FNN）に関しては，2019 年 5 月から 2020 年 5 月までデータの不正入力が行われていたことが明らかとなっているため，当該期間のサンプルからは除外している．

第11章
政府の大きさと財政赤字

1. 大きな政府と小さな政府

(1) 政府の役割とは

政府の役割として，何が考えられるだろうか.

まず，経済学における政府の役割は「市場の失敗」の解消であった．また，政府の役割は効率性と公平性という概念からも理解できることを説明した．効率性に関する政府の役割とは，市場の失敗による資源配分の非効率化を解消することである．例えば，環境汚染などの外部不経済が存在する場合，外部不経済の内部化や，規制の導入などによって企業の行動を制限することで最適な資源配分を達成できる．

次に，公平性に関する政府の役割について改めて考える．経済や市場の中で，一部の高所得層が全体の所得の大部分を得ることによって所得格差などが発生する．そのため，政府は所得の再配分を達成しようとして経済や市場へ介入する．これが公平性に関する政府の役割である．

大きく分けると，政府は政府支出および税制による市場への関与と，独占などへの規制によってこれらの政府の役割を果たす．公共財の供給については，警察や教育などの公共サービスや，道路などの公共インフラの整備などが考えられる．これらは政府支出における教育部門や公共事業が当てはまる．また，所得の再分配を達成するために累進課税などの税制が採用されている．独占への対応としては，すでに説明済みではあるが，日本では，独占禁止法

がその役割を果たしている.

　このように，政府はその役割を達成するために市場へ介入することになるが，どの程度まで関与するべきか，という点については結論が出ていない．それぞれの国や時代背景，そして経済の状況が異なるため，一概に判断できないことが理由の1つである．それでは，政府の大きさについてはどのような議論が展開されてきているのか．

　一般的に大きな政府とは，政府が積極的に経済活動に関与し，福祉，公共事業，規制強化などに参加するという思想である．そのため，効率的な市場の実現へ向けて政府が積極的に介入する．社会福祉や公共部門については，納税の負担は大きいが，社会保障や医療が充実しており，無償で恩恵が受けられることが多い．一方，小さな政府とは，民間部門における市場取引に対して政府の関与をできる限りなくす，つまり政府や行政の規模を最小限にするという思想である．そのため，市場においては政府の介入は相対的に少なくなる．納税の負担は相対的に小さくなるが，社会保障や医療に関しては自己負担・自己責任が原則となる.

(2)　歴史的背景

　歴史的に，先進諸国で大きな政府と小さな政府の議論が始まったのは1970年代である．先進諸国では社会保障費が財政を圧迫し，財政赤字の問題が浮き彫りとなった．そして，1980年代に入ると，アメリカのドナルド・レーガンによる「レーガノミクス」や，イギリスのサッチャー政権による政策など，「小さな政府」へ舵を切る先進諸国が出てきた.

　レーガノミクスとは，第40代アメリカ大統領であるレーガンによる新たな政策である．背景として，1970年代の先進諸国では社会保障費の問題に加えて，インフレーションと景気停滞・高失業率が同時に発生する「スタグフレーション」が深刻な問題となっていた．そこで，レーガノミクスでは経済再建を達成するために，歳出削減，減税，規制緩和，連邦準備制度理事会（Board of Governors of the Federal Reserve System: FRB）との連携による安定

的なマネーサプライという，4 本の柱を基本とした政策を打ち出した．

　日本においても，1980 年代には「小さな政府」へ舵が切られ始めたが，1990 年代のバブル崩壊によって議論が止まってしまっていた．しかし，小泉政権によって 2005 年に公布された郵政民営化法から，公共部門の縮小が目指された．公共部門の縮小は，財政再建への効果という意味では前向きに捉えられたが，公共サービスの減少という意味では国民へ負担を求めるものであると考えられた．2022 年現在，新型コロナウイルス感染症（COVID-19）拡大によって，再び各国政府は大きな政府へと舵を切っている．歴史的には大きな転換点に立っていることがわかる．

(3)　学術的背景

　学術的には，アダム・スミス（1776）『国富論』に経済学における政府の役割が記されている．政府の役割は主に国防・外交，司法・警察，そして公共事業の設立と維持だとする．国防・外交は，「その社会を他の独立の諸社会による暴力と侵略から保護するという義務」である．また，司法・警察は，「その社会の各成員を，同じ社会の他の各成員の不正または抑圧からできるかぎり保護するという義務」とする．最後に，公共事業の設立と維持であるが，「社会の商業に便宜を与えるための公共事業」，「青少年の教育のための諸機関」，「あらゆる年令の人々を指導するための諸施設」が含まれている[1]．

　1870 年代までは，主にイギリスの古典派経済理論では，政府は非生産的であり，均衡財政を維持する必要があると考えられていた．つまり小さな政府が前提となっていた．しかし，1929 年の大恐慌により，政府の市場への積極的な介入が必要となり，必ずしも政府は非生産的ではなく，緊急時における赤字国債発行は必ずしも悪い判断ではない，という考え方が確立され始めた．

　第二次世界大戦以降は，主にヨーロッパ諸国において社会保障政策が充実するようになり，社会保障制度や公的扶助により，自身の力のみでは生活するための給料を稼ぐことができない人々を救済する政策が導入された．その

後は，財政政策による介入ではなく，金融政策によって経済を安定させることが重要であるとするマネタリストが台頭し始めた．

ミルトン・フリードマンは，財政政策による介入よりも貨幣供給のコントロールによって，経済は安定化するため，財政政策ではなく金融政策が重要であることを指摘した．これは小さな政府の台頭を意味するが，労働者側の視点による小さな政府についての考え方もあった．例えば，大きな政府であった場合，労働者や企業は高税率の税金を課されるため，労働意欲の低下が懸念される．さらに，過度な社会保障制度の充実は労働意欲を低下させてしまうことが問題視される．

これは現在の日本の社会保障制度や，コロナ禍における失業給付金などにも当てはまる議論である．つまり，各国の状況や時代背景によって，求められる政府の大きさは変化してきていることがわかる．

2. 財政赤字と国債

(1) 財政赤字

一般的に，財政赤字とは政府の収入である歳入から，政府の支出である歳出を差し引いた金額がマイナスであることを意味する．この財政赤字の拡大は，公的サービスの質低下，民間部門への悪影響，財政への信認低下による金利上昇などを引き起こす傾向にある．また，現世代が受益し，将来世代の負担が増加するなど，世代間の不公平についても問題となる．

財政赤字を判断するための指標として，債務残高の対 GDP 比，財政収支，基礎的財政収支（プライマリーバランス，PB）がある．債務残高の対 GDP 比は，国や地方の公債残高を，一国の経済規模を示す GDP により除した値である．この値はストックの指標となる．財政収支は公債の利払費を含めた財政収支を意味し，基礎的財政収支は利払費を除いた収支を意味する（図 11-1 参照）．財政収支と基礎的財政収支はフローの変数となる．財政収支は新たな借金に頼らず，税収等の歳入によって政策的経費と利払費をどの程度

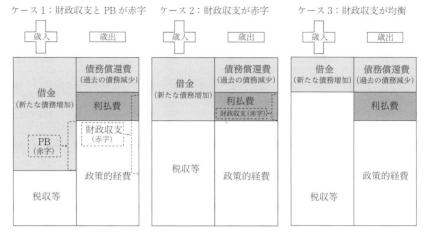

出典：財務省資料を参考に筆者作成.

図 11-1　財政収支と基礎的財政収支（PB）

まかなえるかを示している．また，基礎的財政収支に関しては，利払費は除かれているため，政策的費用をどの程度まかなえるかを示している．なお，厳密には基礎的財政収支の計算には利子収入等を考慮する必要があるが，ここでは議論を簡素化している．

　この基礎的財政収支が均衡している状況（図 11-1，ケース 2）では，債務残高は利払費の分，つまり財政収支の赤字分だけ増加する．また，財政収支が均衡している状況（図 11-1，ケース 3）では債務残高は変化しない．そのため，債務残高の減少には財政収支の黒字化が必要となる．

（2）　国債の発行

　財政赤字への対応としては，国債の発行が必要となる．国債とは，国が発行する債券であり，普通国債と財政投融資特別会計国債（財投債）に大きく区分される．実際の金融取引では，この 2 つは同じ金融商品として取引されている．まず普通国債には，建設国債，特別国債（赤字国債），年金特例国債，復興債，借換債がある．この普通国債の利払いと償還の財源は主に税収

によってまかなわれている.

　次に財政投融資特別会計国債（財投債）であるが，まず財政投融資とは「税負担に拠ることなく，国債の一種である財投債の発行などにより調達した資金を財源として，政策的な必要性があるものの，民間では対応が困難な長期・低利の資金供給や大規模・超長期プロジェクトの実施を可能とするための投融資活動」とされている．財政投融資特別会計国債（財投債）はこの財政投融資の運用資金として発行され，特別会計の歳入となる．普通国債との大きな違いは，利払いや償還にかかる費用は財政投融資で貸し付けた資金を回収することによってまかなわれている．そのため，将来の世代への負担を先送りしないという点で，世代間の公平性を考慮した国債といえる[2].

(3)　世代間の公平

　財政収支は，長期的には均衡させる必要がある．そこで議論となるのが，国債を含む公債の発行は将来世代への負担転嫁となるかどうか，という点である．ここでは受益の対象は現世代であり，負担の対象が将来世代になることで，国債の発行は世代間の公平性を保てないことが問題となる．歴史的・学術的に，負担転嫁であるかどうかについて議論が進められてきた．

　まず，古典派経済学者達の基本的な立場は，公債の発行は将来世代への負担転嫁になるというものであった．アダム・スミスは，公債を発行することで，利払費や償還費は課税によってまかなわれるため，主に将来世代の負担になると主張した．次に，デビッド・リカードは，公債からの受益と公債発行の負担が同世代内で完結することを前提に，公債発行と増税の効果は等しく，公債発行は将来世代への負担転嫁にならないことを示した．これをリカードの等価定理とよぶ．

　古典派経済学者以外にも，アバ・ラーナーは，発行した公債が自国民によって購入されることを前提に，公債発行は将来世代への負担にはならないことを示した．つまり，国債を保有しているのも，増税などによって課税されるのも将来世代であるため，世代内での所得の再分配が発生しているにす

ぎないとした．また，ロバート・バローは，合理的期待形成理論によってリカードの等価定理を拡張させ，遺産を通じた世代間移転を想定したモデルを使用して公債発行と課税は同じ効果をもつことを指摘した．このモデルはバローの「中立命題」とよばれ，親が将来的に大増税がくることを予想し，子の負担を考慮して遺産動機をもつため，課税が世代の枠を超えてもその効果は遺産相続により相殺されることを示している．

　これらは，公債発行は将来世代への負担転嫁にならないことを主張している理論や経済モデルであるが，公債発行が将来世代への負担転嫁になるという主張もある．

　ブキャナンは，ラーナーの主張に対して，公債の購入は任意であるのに対して，増税は全国民に対して強制的に課されるものであるため，将来世代への負担となる可能性があることを指摘した．この事実は公債の購入を迫るものであり，将来世代の精神的な負担になることも主張されている．また，ウィリアム・ボーエン，リチャード・デービス，デービッド・コップの3人は次のように主張している．現世代で公債を購入した人々は，この公債を将来世代へ売却することで消費を維持できる．しかし，将来世代は課税されるため，公債保有者は公債の売却によって税金を支払えるが，公債を持っていない人については可処分所得の減少により消費も減少することを指摘した．フランコ・モディリアーニは，公債発行が民間部門における資本蓄積を妨げ，投資および経済成長に影響を与えているため，結果として公債発行は将来世代への負担転嫁となることを主張した．

3.　政府の大きさの計測

(1)　政府支出の規模

　政府の大きさを間接的に計測している指標の1つとして，一般政府支出の規模が挙げられる．直感的にも，政府支出の大きさによって政府の大きさを計測することは不自然ではないと考える．しかし，政府支出の規模は，一国

の経済規模とも関係している．一般的には，経済規模が大きくなるほど政府
支出の規模も比例して大きくなると考えられる．そのため，本章では一般政
府支出を GDP によって除した値，つまり，一般政府支出の GDP 比を政府
の大きさとして考える．

　図 11-2 には，2019 年と 2020 年における各国の一般政府支出の対 GDP 比
がまとめられている．ここでは，色が濃くなるほど政府支出の対 GDP 比は

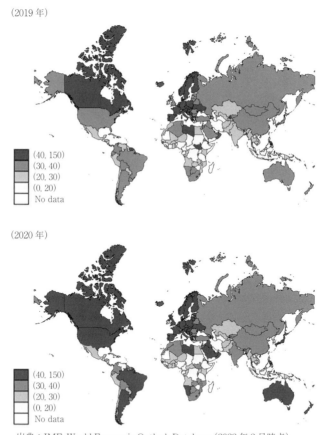

出典：IMF, World Economic Outlook Database（2022 年 2 月時点）
　　　の値を参考に筆者作成．

図 11-2　各国の一般政府支出の規模（対 GDP 比）

大きい，つまり大きな政府であることを間接的に示している．まず，2019年においてはカナダ，ヨーロッパ諸国，一部のアフリカ諸国において色が濃くなっていることが確認できる．2019年と2020年を比較すると，アメリカ，南米諸国，日本，オーストラリアなどで色が濃くなっている．これは新型コロナウイルス（COVID-19）感染症対策によって，政府支出の規模が拡大したことが理由であると考えられる．危機時には大きな政府になるという傾向が，この図からも確認できる．

　ここで注意すべきは，本指標はあくまでも相対的な指標であり，色が濃いことは大きな政府であることを必ずしも意味していない可能性である．図11-2において，最も濃い色は一般政府支出が対GDP比で40％以上であることを意味するが，あくまでも他の国と比較して政府の規模が大きいという解釈となる．また，政府支出の中身にも言及する必要があるという点である．例えば，政府支出の規模が同程度であったとしても，国債償還の割合が最も大きい国と，教育や社会保障分野の割合が最も大きい国では，政府の大きさについての解釈が異なると考えられる．これらの点に注意しながら，指標の比較を行う必要がある．

（2）　財政赤字の規模

　政府の大きさとして，国民の負担についての指標が使用されることも多い．つまり，財政赤字の規模である．ここでも，政府支出の議論と同様に，各国の財政赤字の規模，すなわち債務残高をGDPで除した値，つまり債務残高の対GDP比によって各国政府の大きさについて計測する．

　図11-3には，2019年と2020年における各国の財政赤字の対GDP比がまとめられている．まず，北米諸国についてであるが，政府支出の規模で政府の大きさを計測した場合，2019年においてはアメリカやメキシコと比較してカナダの色が濃かった．しかし，財政赤字の規模によって計測した場合，カナダよりもアメリカの方が色は濃く，政府の大きさが逆転していることがわかる．また，ヨーロッパ諸国については，政府支出の規模と比較すると，

（2019 年）

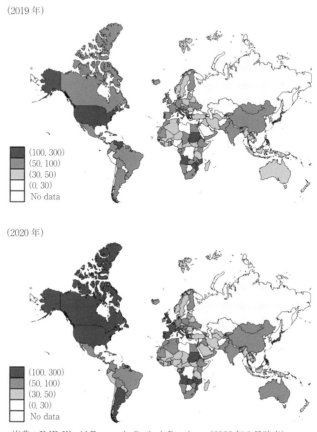

（2020 年）

出典：IMF, World Economic Outlook Database（2022 年 2 月時点）
の値を参考に筆者作成.

図 11-3　各国の財政赤字の規模（対 GDP 比）

相対的に色が薄くなっている．つまり，一部のヨーロッパ諸国においては，
政府支出の規模は大きいが，相対的に国民の負担は小さい傾向にあることが
わかる．しかし，いずれの地域においても，2019 年と 2020 年の財政赤字を
比較した場合，2020 年の方が平均的により濃い色によって描かれており，
赤字が拡大したことが示されている．なお，2020 年における日本の債務残
高の対 GDP 比は約 256% となっており，イタリアの約 155%，アメリカの約

122% と比較すると突出している.

　政府支出の規模と同様に, 財政赤字に関してもその中身が重要となる. 例えば, COVID-19 対策については多くの分野で政府による対応が必要となるため, 短期的に大きな政府になってしまうことは避けられない. つまり, 長期的に財政再建を目指すことになる. しかし, 日本や他の先進諸国のように少子高齢化問題に直面している国については, 将来的により厳しい財政赤字の問題に直面することが予想される. そのため, すでに議論されている通り, 将来世代への負担については慎重に考える必要がある.

(3)　規制の数

　国内外に対する規制の程度も政府の大きさを示す指標となる. 本章では, 経済協力開発機構 (Organisation for Economic Co-operation and Development: OECD) が開発している製品市場における規制に関する指標である Product Market Regulation (PMR) 指標を使用して政府の大きさを計測する.

　本指標は OECD 加盟国と一部の非加盟国を対象に, 1975 年〜2018 年における各国の製品市場における規制を数値化している. PMR 指標は国家の関与によって生じる歪みに関するものと, 国内外の参入障壁に関するものに分類される. 国家の関与に関する指標には国有化, 企業運営への関与, 規制の緩和および規制の評価が含まれる. 国内外の参入障壁については, 起業の難しさ, サービス・通信分野の障壁, 貿易・投資の障壁が含まれる. それぞれの指標は数値が大きくなるほど規制が強いことを意味し, 間接的に大きな政府であることを示している.

　表 11-1 には, 2018 年における OECD 加盟国・非加盟国の PMR 指標の値がまとめられている. どちらのグループにおいても, 6 項目を総合的に判断した PMR 指標について, 上から順番に規制が弱い国, つまり小さな政府と考えられる国が並べられている. まず, OECD 加盟国の平均は 1.43 であり, イギリスやデンマークを筆頭に 21 カ国が含まれている. OECD 非加盟国については, クロアチアのみが OECD 加盟国平均の 1.43 となっており, その

表 11-1　各国の製品市場における規制（2018 年）

OECD 加盟国	PMR	国有化	企業運営への関与	規制の緩和と評価	起業の管理上の負担	サービス・通信分野の障壁	貿易・投資の障壁
イギリス	0.78	1.16	0.50	0.86	1.19	0.58	0.39
デンマーク	1.02	1.69	0.90	1.66	0.16	1.34	0.39
スペイン	1.03	1.29	1.42	0.93	0.19	1.88	0.48
ドイツ	1.08	2.15	0.87	1.20	0.56	1.26	0.44
オランダ	1.10	1.49	0.54	1.34	1.75	1.20	0.26
スウェーデン	1.11	2.35	0.71	1.31	1.13	0.76	0.43
ノルウェー	1.15	2.75	0.73	0.73	0.72	1.34	0.63
オーストラリア	1.16	1.79	0.94	1.42	1.09	1.01	0.73
リトアニア	1.19	3.37	1.02	1.02	0.06	1.33	0.30
ニュージーランド	1.24	2.61	0.73	1.78	0.50	1.13	0.67
ラトビア	1.28	2.40	1.24	1.80	0.00	1.91	0.34
エストニア	1.29	2.18	0.87	1.46	1.51	1.23	0.47
スロベニア	1.29	1.95	1.17	1.59	0.79	1.80	0.44
チェコ	1.30	1.71	0.95	1.34	1.72	1.51	0.56
ハンガリー	1.32	2.07	0.71	1.95	0.60	1.92	0.64
イタリア	1.32	2.04	1.02	1.64	0.27	2.33	0.59
ポルトガル	1.34	1.53	1.28	2.10	0.31	2.42	0.43
フィンランド	1.37	2.64	1.19	1.24	0.66	1.96	0.51
アイルランド	1.38	2.37	0.55	1.70	1.75	1.60	0.34
チリ	1.41	1.30	1.13	2.22	1.02	1.59	1.20
イスラエル	1.41	1.96	1.63	1.02	0.81	1.75	1.31
オーストリア	1.44	1.79	1.02	2.14	0.94	2.04	0.71
日本	1.44	1.91	2.03	2.01	0.59	1.39	0.72
アイスランド	1.44	1.40	0.56	1.69	1.75	2.52	0.73
ポーランド	1.45	2.98	1.23	0.77	1.20	1.97	0.55
スロバキア	1.52	2.19	0.96	1.48	2.17	1.85	0.48
スイス	1.53	3.23	1.19	1.47	0.98	1.48	0.84
ギリシャ	1.56	1.73	1.51	2.74	0.73	1.95	0.68
フランス	1.57	2.98	1.56	0.96	1.56	1.85	0.54
メキシコ	1.61	2.19	1.69	1.37	0.67	1.77	1.96
ルクセンブルク	1.68	2.97	1.25	1.79	1.38	2.29	0.40
ベルギー	1.69	1.75	1.38	1.89	1.88	2.60	0.64
韓国	1.71	2.21	1.92	0.93	1.09	2.59	1.49
アメリカ	1.71	1.90	1.85	1.86	2.17	1.54	0.93
カナダ	1.76	2.22	2.14	1.02	2.00	2.15	1.01
コロンビア	2.04	1.90	1.23	3.43	2.75	1.96	0.98
トルコ	2.28	2.84	1.83	1.94	3.75	2.32	1.00
コスタリカ	2.32	3.10	1.81	2.70	2.56	2.84	0.89
OECD 平均	1.43	2.16	1.19	1.59	1.18	1.76	0.69

OECD 非加盟国	PMR	国有化	企業運営への関与	規制の緩和と評価	起業の管理上の負担	サービス・通信分野の障壁	貿易・投資の障壁
クロアチア	1.43	2.80	0.85	1.80	1.00	1.64	0.51
マルタ	1.54	1.87	1.03	2.21	1.22	2.53	0.36
キプロス	1.80	2.05	1.75	1.97	2.50	2.10	0.44
アルバニア	1.82	2.26	1.00	3.12	1.88	1.89	0.78
ルーマニア	1.86	3.02	1.24	2.15	2.04	2.20	0.52
ブルガリア	1.93	2.41	1.66	1.51	3.42	2.08	0.51
セルビア	2.10	3.95	1.17	2.48	1.94	2.25	0.84
カザフスタン	2.12	4.01	1.50	2.77	0.56	2.25	1.64
ロシア	2.23	4.01	1.87	1.92	1.50	2.33	1.75
南アフリカ	2.53	3.39	1.49	3.72	2.25	3.08	1.22
マレーシア	2.54	3.73	2.16	2.66	2.44	2.37	1.87
ブラジル	2.58	2.36	2.18	3.84	2.88	2.25	1.98
アルゼンチン	2.65	3.20	2.34	2.58	2.75	3.26	1.75
インドネシア	2.88	4.94	3.09	3.20	1.00	3.03	2.03
中国	2.99	4.78	2.45	4.91	1.00	2.95	1.83

出典：OECD, Economy-wide Product Market Regulation Indicators（2022 年 2 月時点）の値を参考に筆者作成．

　他の国に関してはより数値が高くなっている．また，OECD 加盟国の中でもアメリカ，フランス，日本，韓国などは OECD 加盟国の平均以上の数値となっており，相対的に大きな政府であることがわかる．

　項目ごとの指標を確認することでも国ごとの特徴がわかる．例えば，スウェーデンやノルウェーは国有化に関する数値は高いが，その他の指標は平均的に低い．また，日本はどの項目に関しても平均的な数値となっていることがわかる．

　PMR 指標では，産業別の指標も公表されている．産業としては，主にエネルギー産業，輸送産業，情報・通信産業が取り上げられており，産業ごとに規制に関する指標がまとめられている．さらに，PMR 指標では，高度な技術を要する職種や分野における規制についても指標化されている．本指標では，弁護士，会計士，不動産業者など，専門的なサービスを規定する法律や規制を参考に作成されている．このように，PMR 指標を使用することで，

目的に応じた分析が可能となる.

　注
1)　詳細は Smith（1776）（高訳［2002］）を参照.
2)　財務省ホームページ「国債とは」（最終閲覧日：2022 年 3 月 28 日　https://www.mof.go.jp/jgbs/summary/kokusai.html）.

第12章
政治体制・ガバナンスと政策決定

1. 政治体制とガバナンス

(1) 政治体制とガバナンスの数値化

　近年では「民主主義の後退」が大きな議論となっている．本書の議論は，議会制民主主義における政策決定プロセスが基礎となっているが，民主主義の後退の背景には，アメリカ元大統領のトランプの言動や，ポピュリスト政党の台頭などがある．これらの現象から民主主義の後退を議論することは可能であるが，「どの程度」まで民主主義が後退しているかを可視化することはできていない．それでは，非民主主義と民主主義を両極端と考えた場合，各国の状況はどのように数値化できるのか．

　一国の発展や安定においては，この政治体制の議論に加えて，ガバナンス（Governance）が重要となる．ガバナンスには多くの意味が含まれるが，本書では国際協力機構（JICA）の定義を拝借し，「国の安定・民主的発展に向けて資源を効率的かつ国民のニーズを反映できる形で運用するために，政府や市民社会，民間セクター間で協働・意思決定する制度・仕組み」と定義する[1]．JICA では，このガバナンスを強化するために，民主化の促進と定着，法の支配の確立，行政の機能強化，公正・民主的な統治能力の強化への支援を行っている．それでは，ガバナンスはどのように数値化すればよいのか．

　政治体制とガバナンスに関して，どちらも直接的な指標は存在していない．代わりに，関係する要素を組み合わせ，間接的な指標が作成されている．本

章では，政治体制とガバナンスを間接的に数値化したものとして，V-Dem
（Varies of Democracy）研究所が作成する Liberal Democracy Index（LDI）と，
世界銀行（World Bank）から公表されている世界ガバナンス指標（World
Governance Indicators: WGI）を使用することで，どのように政治体制とガバ
ナンスが数値化されているかについて説明する．

（2）　民主主義の度合い

　政治体制の数値化は非常に困難であり，絶対的なものではないが，
V-Dem 研究所では民主主義や民主制を概念化し，その計測を行うことで政
治体制を数値化するアプローチを採用している．本章では，この V-Dem 研
究所が作成する LDI を例に民主化の数値化について説明する．

　LDI は，1789 年～2020 年を対象に，200 の国・地域に関して作成されて
おり，時系列での分析や国際比較を行うために広く採用されている（2022
年 2 月時点）．本指標は 0~1 の値で政治制度を表現しており，1 に近づくほ
ど民主主義的であることを意味する．LDI は参政権，公正（クリーン）な選
挙，法の前の平等，高官などへの制約，結社と表現の自由などを総合的に判
断することによって数値化されている．

　図 12-1 では，すべての対象国の値を平均化した LDI の変遷がまとめられ
ている．1945 年以降，世界で民主主義は緩やかに広がり，1990 年代に入る
とさらにその速度は加速した．しかし，2012 年をピークに民主主義は徐々
に後退し始めていることが確認できる．LDI の変遷を確認することによって，
民主主義の後退を可視化できたことになる．ここで，年代によっては含まれ
る対象国が異なることや，LDI はあくまでも間接的な指標であり，絶対的な
指標ではないことに注意する必要がある．それでは，どのような国・地域で
民主主義が進んでいるのか．

　図 12-2 では，国・地域ごとに LDI の数値によって色付けがなされている．
ここではより濃い色になるほど 1 に近づく，つまり政治体制が民主主義に近
づくことを意味する．

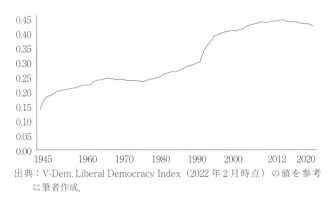

出典：V-Dem, Liberal Democracy Index（2022 年 2 月時点）の値を参考に筆者作成.

図 12-1　民主主義の広がり

　まず，国際間の比較では，北米諸国，南米諸国，ヨーロッパ諸国，日本，韓国，オーストラリアなどがより濃くなっていることがわかる．また，アフリカ諸国や中国は比較的薄い色となっており，世界全体の政治体制の分布が直感的に理解できる．

　次に，時系列での比較を行う．図 12-1 で確認したように，全体の平均値では民主化が後退している可能性がある．しかし，国ごとにその変化を確認すると，大きな変化は発生していないことがわかる．2000 年と 2020 年の LDI を比較しても，色が若干薄く変化しているのはインド，ブラジル，一部の東欧諸国であり，世界全体で民主主義が後退しているのではなく，一部の影響力のある国で発生している可能性がある．

（3）　ガバナンスの質

　政治体制の数値化と同様に，ガバナンスについても，いくつかの要素を複合することで間接的な指標が作成されている．世界銀行は，ガバナンスに関する 2 つの指標を公表している．1 つめは国別の政策および制度評価（Country Policy and institutional Assessment: CPIA）であり，ガバナンス強化のために，国ごとの資金配分の決定や援助戦略（Country Assistant Strategy: CAS）の策定などに使用されている．2 つめは Kaufmann と Kraay によって開発

(2000 年)

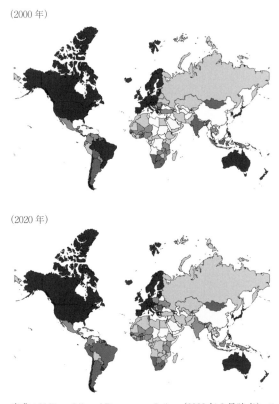

(2020 年)

出典：V-Dem, Liberal Democracy Index（2022 年 2 月時点）の
値を参考に筆者作成.

図 12-2　各国の民主主義の程度

された WGI 指標であり，本指標は各国のガバナンスの状況をより幅広く捉
えている．本章ではこの WGI を例にガバナンスの数値化について説明する．
　本指標は世界銀行から公表されているが，作成者は Kaufmann と Kraay
であり，世界銀行としての立場を示すものではないことが明記されている．
この WGI は，2022 年 2 月現在，1996 年〜2020 年における約 200 の国と地
域を対象として作成されている．主な 6 つの指標として，国民の発言力と説
明責任（Voices and Accountability），政治的安定と暴力の不在（Political Sta-

bility and Absence of Violence), 政府の有効性 (Government Effectiveness), 規制の質 (Regulatory Quality), 法の支配 (Rule of Law), そして汚職の抑制 (Control of Corruption) に関する数値化がなされている．本指標は，家計や企業へのサーベイ，営利事業に関する情報提供者，非政府系組織 (NGO), 公的機関など 30 以上の情報源から情報を提供してもらうことで作成されている．それぞれの項目について，最も基本的な指標では−2.5〜2.5 の値によってガバナンスの度合いが数値化されており，数字が大きくなるほど高い質のガバナンスを意味する．

　図 12-3 では，国・地域ごとに WGI の数値によって色付けがなされている．本図表で使用されている WGI の指標は 6 項目すべての数値を足し上げた変数であり，−15〜15 までの値によって総合的なガバナンスの質を計測している．ここではより濃い色になるほど数値が大きい，つまり，より高い質のガバナンスであることを意味する．ガバナンスにおいても，北米諸国，ヨーロッパ諸国，日本，韓国，オーストラリアなどがより濃くなっていることがわかる．また，アフリカ諸国は比較的薄い色となっており，世界全体のガバナンスの分布が直感的に理解できる．次に時系列での比較であるが，ロシアなど一部の国においてはガバナンスの質が改善されているが，南米やアフリカなどの一部の地域ではその質が低下している傾向にある．

2.　政治体制・ガバナンスと汚職

(1)　汚職の数値化

　汚職の発生については，政治体制やガバナンスが関係しているとの議論がある．ここではまず汚職の数値化について考える．汚職の数値化について，その情報の多くはアンケートベースで収集されている．各国が独自に収集した統計データはいくつか存在するが，国際比較が可能な統一された指標は数少ない．

　1 つめは，WGI が提供する汚職の抑制 (Control of Corruption) に関する指

(2000 年)

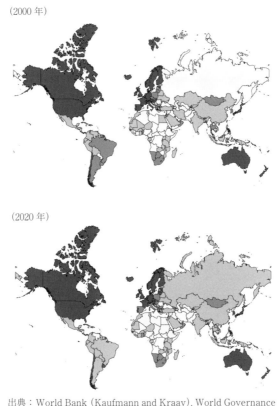

(2020 年)

出典：World Bank (Kaufmann and Kraay), World Governance
　　　Indicators（2022 年 2 月時点）の値を参考に筆者作成．
注：本図表で使用されている WGI の指標は 6 項目すべての数値
　　を足し上げた変数であり，－15 ～ 15 までの値によって総
　　合的な統治制度の質を計測している．

図 12-3　各国のガバナンスの度合い

標である．本指標では，「規模の大きさを問わず，私的利益のために公権力
がどの程度行使されているか」と，「支配層などの私益のために国家がどの
程度占領されているか」を示している．2 つめの指標は，国際非政府組織で
ある Transparency International が公表している Corruption Perception
Index（CPI）である．本指標では，最大 10 の国際機関から入手した汚職に

関するスコアを 100 点満点に換算し，その平均値を採用している．CPI 2021 では，180 の国と地域を対象に，2012 年〜2021 年までの数値が公表されている．

　さらに詳細な指標として，Perception of Corruption by Institution が挙げられる．本指標作成のために，Transparency International の Global Corruption Barometer によって，2014 年 3 月から 2017 年 1 月の期間において，対面形式で汚職に関する情報が収集されている．直近の 2017 年を対象としたサーベイでは，119 の国と地域が対象となっている．本指標は，議会，警察，公的機関，税務署など，汚職がどの機関で発生しているかを特定するものである．対面方式のサーベイによって，各機関で汚職が存在しているかを質問し，「多くで存在している」または「完全に存在している」と回答した人の割合を公表している．そのため，機関ごとの汚職に関する分析を行えるが，対象国・地域と対象年が限られているため，分析に使用する際には注意が必要である．

　このように，汚職の数値化にも絶対的な指標は存在しないが，間接的な手法により指標が作成されている．重要なのは，それぞれの指標に強みと弱みがあるため，目的に応じて使用する指標を選定する必要がある，という点である．

(2)　汚職の発生

　汚職はどのような政治体制とガバナンスにおいて頻繁に発生するのか．ここでは，主に政治体制の違いと汚職の関係について考える．第 7 章でも確認した通り，政治体制によって政権を維持するために必要な得票数が異なるため，結果的に民主主義体制では政権維持が困難であり，非民主主義体制では政権維持が容易であることを確認した．この点と汚職はどのように関係しているのか．

　まず，民主主義体制のように政権維持や政治的生き残りが困難である場合，汚職などの問題は有権者からの信頼や支持を失うため，非民主主義と比較し

て汚職は少ないことが想定できる．政府の支出についても，有権者からの支持を得るためには公的支出の増加が必要となるため，必然的に私的利益を追求した支出は少なくなる．一方，非民主主義体制においては私的支出が中心となるため，汚職についても相対的に多くなることが想定できる．

　次に，ガバナンスと汚職についても考える．本章ではこのガバナンスを「国の安定・民主的発展に向けて資源を効率的かつ国民のニーズを反映できる形で運用するために，政府や市民社会，民間セクター間で協働・意思決定する制度・仕組み」と定義している．つまり，ガバナンスの質が低いとは，資源を効率的かつ国民のニーズを反映できる形で運用するための制度・仕組みが機能していないという意味である．例えば，汚職などを監視する制度・仕組みや，汚職が発覚した後に関係者などを裁くための制度・仕組みが整っていない，といったことである．そのため，ガバナンスの質が低い国では，相対的に多くの汚職が発生していると考えられる．それでは，政治体制とガバナンスは，汚職の発生と関係しているのだろうか．

(3)　汚職と政治体制・ガバナンス

　政治体制とガバナンスが汚職の発生と関係しているのかを確認するために，それぞれの指標をプロットしてみる．図12-4には，縦軸に政治体制とガバナンス，横軸に汚職となるように数値をプロットし，さらにそれぞれの関係性を平均的に示している直線が描かれている．

　まず，政治体制と汚職の関係について確認する．縦軸は政治体制を示し，数値が大きくなるほど民主主義に近づくことを意味する．また，横軸はWGIにおける汚職の抑制によって汚職の発生度合いが示されており，数値が大きくなるほど汚職を抑制できていることを意味する．分布にバラツキはあるものの，プロットの傾向を示す直線は右上がりである．つまり，政治体制の指標と汚職の抑制に関する指標は正の関係にあることが理解できる．

　次に，ガバナンスであるが，数値が大きくなるほどガバナンスの質が高いことを意味している．ここではWGIの6つの指標から汚職の抑制を除いた

政治体制

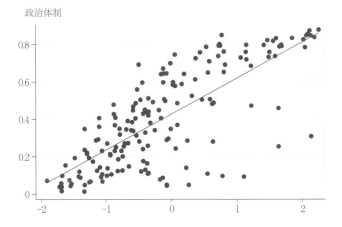

ガバナンス

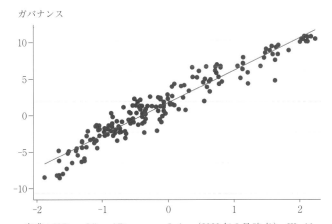

出典：V-Dem, Liberal Democracy Index（2022 年 2 月時点），World
　　　Bank（Kaufmann and Kraay），World Governance Indicators（2022
　　　年 2 月時点）の値を参考に筆者作成．
注：本図表で使用されている WGI の指標は汚職を除く 5 項目すべて
　　の数値を足し上げた変数であり，−12.5 〜 12.5 までの値によっ
　　て総合的な統治制度の質を計測している．

図 12-4　政治体制・ガバナンスと汚職の関係（2020 年）

5つの指標によってガバナンスが計測されている．なぜなら，汚職の抑制を含んでしまった場合，横軸にも汚職の抑制に関する指標が含まれているため，その分だけ両指標が同じ方向へ動いてしまうからである．ガバナンスに関しても，政治体制と同様に，プロットの傾向を示す直線は右上がりであるため，ガバナンスに関する指標と汚職の指標は正の関係性にあることがわかる．これは，どちらの関係性も前項での議論と整合的であることを示している．

3. 政治体制・ガバナンスと保護貿易主義

(1) 保護貿易主義の数値化

現在まで，自由貿易を推進するための自由貿易体制の中心的役割を担ってきたのが WTO である．WTO は第二次世界大戦後に制定された GATT の後身であり，1995 年に設立された国際機関である．WTO 協定の基本理念は貿易障壁の削減と無差別原則であり，最恵国待遇原則と内国民待遇原則を基本としている．

WTO により貿易障壁の削減が推進され，世界の平均関税率は過去 20 年間で着実に低下し，2017 年現在では約 5% まで下落している（図 12-5 参照）．その一方で，関税障壁（Tariff Barrier）以外の貿易障壁である非関税障壁

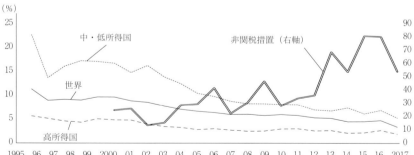

出典：World Development Indicators と UNCTAD, TRAINS Database（2022 年 2 月時点）の値を参考に筆者作成．

図 12-5　世界の実行関税率（平均値）と各国の平均非関税措置導入数

(Non-Tariff Barriers) が増加しており，その中でも非関税措置（Non-Tariff Measures）の増加が懸念されている．非関税措置とは，貿易量・額またはその両方に経済的効果を与える潜在的な可能性がある，関税以外の政策的措置である．この非関税措置が，近年の貿易障壁増加の主な要因となっている．また，イギリスの EU 離脱，アメリカと中国の貿易戦争，そしてコロナ禍における保護貿易主義への加速など，世界では保護主義の動きが再度広まりつつある（図 12-5 参照）．

　この関税障壁と非関税障壁の高まりは，保護貿易主義へ傾いていることを間接的に意味する．そのため，関税率の低下や非関税障壁の削減は自由貿易主義体制の推進を示していると考えられる．

　この非関税措置に関する指標は，国連貿易開発会議（UNCTAD）や世界銀行などによって共同開発されている．本データベースは，109 カ国の貿易に関する法律を確認することで非関税障壁を特定しており，これらの国は全貿易額の 90% をカバーしているため，世界全体の特徴を捉えていると言っても過言ではない．また，国，対象年，対象となる財，非関税措置の分類など，多くの情報が取得でき，保護貿易主義の間接的な計測に幅広く採用されている．

(2)　保護貿易政策導入の要因

　保護貿易政策を導入する動機にはどのようなものがあるのか．保護貿易政策導入の決定要因については，国際経済学，公共選択論，政治経済学などの分野において研究が進められているが，主に 4 つの領域について議論がある．

　1 つめは，輸入浸透率や輸入品との競合についての研究である．輸入浸透率とは，「国内生産 − 輸出 + 輸入」として計算される国内供給量に占める輸入の割合を意味する．国内市場において国産品と輸入品がより競合するようになると，この輸入浸透率は上昇する．そして，この輸入浸透率の上昇は保護貿易政策導入を促進するとされている．理由としては，国内産業の保護などの経済的要因や，選挙などの政治的要因が挙げられる．近年，アメリカを

対象とした研究によって，輸入品との競合によって失業した人々はより保護主義的な考えへとシフトすることが明らかになっている．

　2つめは，輸入関税の低減または撤廃と，その他の保護貿易的政策の関係性についてである．一般的に，保護貿易政策は関税障壁と非関税措置に分類できる．いくつかの研究によって，FTAなどによる関税撤廃の代わりに，非関税措置が導入される危険性が指摘されている．しかし，近年では関税撤廃と非関税措置の両方を含んだEPAの締結が促進されているため，この関係性についてはFTAやEPAに組み込まれていない国々に対する限定的な議論であるといえる．

　3つめは，保護貿易政策と特定の利益団体の関係についてである．多くの研究では，保護貿易政策導入のメカニズムを理論的に分析しており，利益団体によるロビー活動が政治家の行動に影響することを明示している．Grossman and Helpman（1994）のProtection for Saleモデルは国内の問題を扱っているが，WTOなどの国際機関においてもロビー活動が存在することを指摘する研究もある．データ分析の結果から，ビジネスグループがWTOの閣僚会議に参加することで，非関税措置の導入に影響を与えている可能性が明らかとなっている．

　4つめは，政治体制やガバナンスと保護貿易政策導入の関係性についてである．ここでは，まず政治体制やガバナンスをどのように計測するかが重要となる．そして，計測された数値と保護貿易政策導入の関係性がどのようなものであるかが議論されている．しかし，政治体制とガバナンスのいずれも，どのようなメカニズムで保護貿易主義と関係しているかは理論的に明示されておらず，これらの要素のみで保護主義の発生などを議論することは困難である可能性がある．

(3)　政治体制・ガバナンスと保護主義

　政治体制とガバナンスは保護貿易主義とどのように関係しているのか．図12-6では，政治体制とガバナンスが縦軸，非関税措導入数を対数化した数

政治体制

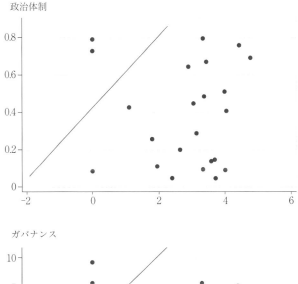

ガバナンス

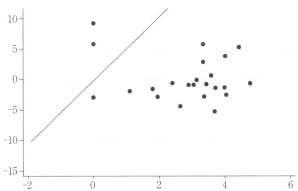

出　典：V-Dem, Liberal Democracy Index（2022 年 2 月 時 点）, World
　　　Bank（Kaufmann and Kraay）, World Governance Indicators（2022
　　　年 2 月 時 点）, UNCTAD, TRAINS Database（2022 年 2 月 時 点）
　　　の値を参考に筆者作成.
注：本図表で使用されている WGI の指標は 6 項目すべての数値を足し
　　上げた変数であり，−15 〜 15 までの値によって総合的な統治制度
　　の質を計測している.

図 12 6　政治体制・統治制度と非関税措置の導入（2020 年）

値が横軸になるようにプロットし，さらにそれぞれの関係性を平均的に示している直線が描かれている．

　まず政治体制と非関税措置の導入数であるが，右上がりの直線は描かれているが，プロットからはその関係性は見て取れない．また，ガバナンスに関しても右上がりの直線が描かれているが，こちらは対象となる国数が少なく，多くの国が一定以上のガバナンスの水準を有しているため，より判断ができない状況となっている．

　この原因としては，他の要素を考慮していない点が考えられる．例えば，品質確保のために必要不可欠な非関税措置と，輸入品と国産品との競合を避けるために意図的に設けられた非関税措置を区別する必要がある．また，有権者の自由貿易主義への選好によっては，民主主義体制においても，より保護貿易主義へと傾く可能性がある．なぜなら，国内産業保護や輸入品との競合を避けるために保護貿易主義的な政策を導入することで，特定の層の有権者から支持を得られるためである．

　このように，分析の設定によっては，ある現象を説明するために，複数の要素を加えて分析を行う必要がある．政治体制・ガバナンスと汚職の関係性についても，その関係性がよく見て取れるように感じるが，これは因果関係ではなく，あくまでも相関関係を意味している．そのため，現実の政策立案に役立てるためには，より正確な分析が必要となる．政策立案に必要となる因果関係の特定についての説明は第 13 章で行う．

　注
1)　国際協力機構（2004）を参照.

第13章
政策立案と統計的因果推論

1. 因果関係特定の意義

(1) 因果関係

　政策を考えるとき，因果関係（Causality）の特定は非常に重要である．因果関係とは，ある変数 X（原因）と，その変数 X によって決定される変数 Y（結果）の関係を意味する．例えば，経済学においては所得の増加（原因）は消費の増加（結果）を促すことや，消費の増加（原因）は GDP の増加（結果）につながることを理論的に示している．そのため，GDP を増加させるには消費を増加させるという方法があり，消費の増加には所得を増加させるという政策が考えられる．しかし，現実的にはこの因果関係を特定することは困難である．この問題を理解するためには，因果関係と相関関係の違いを理解する必要がある．

　相関関係とは，ある変数 X と変数 Y の間に「一見関係がありそう」な状態や関係性を意味する．子どもの学力と起床時間を例に考えてみよう．文部科学省によると，早寝・早起きと朝ご飯を食べることが推奨されており，朝型の人は学力も高いことが示されている[1]．ここで議論となるのが，学力を高めるためには早起きすればよいのか，という点である．確かに，早寝・早起きと朝食を食べることで規則正しい生活を送れるため，学力に影響する可能性はある．しかし，「学力が高い学生は規則正しい生活をしている」ということも考えられるのではないか．つまり，相関関係はあるが，「因果関係」

はない可能性がある²⁾．このように，一見当たり前のように考えられている
朝型の人と学力との関係についても，因果関係の特定が重要であるといえる．
統計データによって因果関係を推定することを，統計的因果推論とよぶ．

　なぜ因果関係の特定は重要なのか．相関関係を因果関係と誤解し，その考
えをもとに政策立案し，政策を導入したとする．その結果，予測された効果
が得られなかった場合，政策立案や政策の施行には多くの時間と資金を費や
しているため，国として大きな損失を被ることとなる．そのため，因果関係
の特定は政策立案にとって非常に重要であるといえる．

　次に，因果関係の特定を理解するために必要となる識別問題について説明
する．

(2)　識別問題

　識別問題とは，原因が結果に与える効果について，実際に観察される統計
データを使用した実証分析からのみでは完全に識別（特定）できないことで
ある．原因が結果に与える効果は因果効果とよばれる．この識別問題に対し
て，計量経済学はいくつかの方法で対処してきた．例えば，使用するデータ
のバラツキ具合や分布や，因果関係を示す理論モデル（関数）についての仮
定を課すことで対応してきた．しかし，これらの仮定は非現実的であったり，
仮定によって因果効果にバラツキが出てしまったりするという問題を含んで
いた．また，従来の識別方法は，観察される統計データから求めたい因果効
果（パラメータ）を一意に，つまり「1つの点として」識別するというもの
であった．この方法を点識別とよぶが，この点識別も分析に強い仮定を課す
要因となっていた．これらの問題を解決するための1つの手法として，部分
識別という手法が開発されている．

　部分識別とは，因果効果を一意に識別する点識別とは異なり，因果効果を
「幅（バウンド）」として捉える手法である．この部分識別は，まずは特定の
仮定を設定せず，観察される統計データを使用したありのままの分析を行っ
た場合，この分析からどのような因果効果を識別できるかを考える．次に，

分析の内容に応じて，必要最低限の現実的な仮定を課すことで，どのような因果効果を識別できるかについて考える．この手法により，従来必要とされてきた信憑性に欠ける仮定などを除外することが可能となっている．

　部分識別によって，因果効果を幅（バウンド）によって捉えられるが，具体的にはどのように表現できるのか．可処分所得と消費の関係を例に考えてみる．第3章では，可処分所得と消費の関係を次式によって示した．

$$Y = 0.8X \qquad (13\text{-}1)$$

Y は消費，X は可処分所得を意味する．0.8 は限界消費性向を意味する．(14-1) 式では可処分所得の増加は消費を増加させるという因果関係が示されており，その因果効果が限界消費性向によって表現されている．この因果効果は 0.8 であり，点識別であることが理解できる．部分識別では，この因果効果を「0.75（最低）〜0.85（最高）」のように，幅（バウンド）によって示す．

(3)　理論分析と実証分析のつながり

　政策立案にとって因果関係の特定が重要であることはすでに説明したが，この因果関係の特定には理論分析と実証分析のつながりが重要となる．ここでは，理論分析を実証分析によって検証する意味と，実証分析の結果を理論分析によって（批判的に）解釈する意味について考える．

　まず，理論分析を実証分析によって検証する意義について考える．第3章では，理論分析において使用する数理モデルは，複雑な社会現象の因果関係やメカニズムを表現していることを説明した．数理モデルによって因果関係を示すためには，課されている仮定を現実世界の現象やメカニズムにより近づける必要がある．そのためには，統計データを使用した実証分析による検証が必要となる．

　可処分所得の増加は消費の増加を促すという関係性について，理論的分析では式（14-1）のように表現したが，この因果関係は正しいのか．もしかす

ると，ある特定の産業や財については，可処分所得が増加すると消費が減少する可能性がある．例えば，所得の増加によってインスタント食品の消費は減少し，外食による食費が増加するかもしれない．また，因果効果についても，分析対象によっては数値が大きく異なる可能性がある．そのため，分析対象に合わせた実証分析を行うことで，数理モデルを改良していくことが重要となる．

　次に，実証分析の結果を理論分析により解釈する意義を考える．まず，既存の理論によって実証分析の設定や結果について解釈する意義とは何か．因果関係特定のために行う統計データを使用した実証分析では，被説明変数と説明変数，つまり結果と原因の関係を設定する必要がある．ここでの問題は，数値を代入することで，一見関係性がない変数同士でも因果関係があるかのような結果が出てしまうことである．

　例えば，一般的に冬になると「温かい飲み物の売り上げ」と「コートなどの衣類の売り上げ」が増加することは容易に想像できる．それでは，温かい飲み物の消費が増加すると，コートなどの衣類の売り上げが増加するのか．実際の因果関係は，「冬になると気温が低下する」ため「温かい飲み物やコートなどの衣類の売り上げが増加する」のであろう．

　このように，実際には因果関係はないが，あたかも因果関係があるように見えることを擬似相関や見せかけの相関とよぶ．この擬似相関を避けるためには，社会現象のメカニズムを理論分析により解釈することが必要となる．また，実証分析の結果から，新たな数理モデルが開発されることもある．このように，実証分析と理論分析はお互いに検証や解釈を重ねることで，より現実世界に近いかたちで因果関係の特定を行っている．

2. 社会科学における実験

(1) 自然実験

外生的に生じる制度・法律などの変更や，地震などの自然災害などによっ

て影響を受けた人と受けなかった人が発生した場合，事後的な実験が行える．経済学などの分野において広く採用されているこの実験を自然実験（Natural Experiment）とよぶ．

ここからは，この自然実験を行うために必要な差分の差分（Difference-In-Difference: DID）分析と内生性の問題について考える．

政策評価や証拠に基づく政策立案（Evidence Based Policy Making: EBPM）を行うためには，実証分析における因果関係の特定が重要となる．そこで，政策の施行の効果を確認するために使用されるのが DID 分析である．DID 分析とは，ある外生的に発生した変化から影響を受けるグループと影響を受けないグループを対象とし，影響を受ける変数について政策の施行前後の変化を確認することで，純粋な政策の施行の効果を確認する手法である．例えば，地震が発生した地域と影響を受けなかった地域で，経済成長にどのように影響があったかなどの分析が可能となる．

ここで重要となるのが，外生的ショック以外の要素が2つのグループで大きく異なっていた場合，影響を受ける変数がグループの属性によって変化したのか，それとも外生的ショックによって変化したのかを判断できなくなってしまう．そこで，できる限り同じ属性の分析対象を選択する必要がある[3]．

(2) ランダム化比較実験

一般的に，社会科学は実験できないとされてきた．しかし，2002 年にノーベル経済学賞を受賞した，ダニエル・カーネマンとヴァーノン・スミスによって「行動経済学と実験経済学」分野の研究が開拓された．彼らの分析は主に実験室内で経済理論を検証するというものであった．

また，2019 年にはマサチューセッツ工科大学のアビジット・バナジー，エステル・デュフロ，ハーバード大学のマイケル・クレマーの3人がノーベル経済学賞を共同受賞した．受賞理由は「世界の貧困軽減に対する実験的アプローチの確立」である．この実験アプローチは主に政策評価を行うために発展してきたといえ，次のような疑問を解消するための研究が進められた．

"なぜ貧困地域では学校に通学していても，学ぶことが困難なのか．多くの子供を産むこと，で本当により貧困へと向かってしまうのか"．

　カーネマンたちの手法はラボ実験，バナジーたちの手法はフィールド実験ともよばれる．それでは，具体的にはどのような点で後者の業績は評価されたのかを説明する．

　バナジーたちの最大の功績は，「証拠を示してから政策を考えるべき」という視点を経済開発の議論に組み込み，その証拠をフィールド実験によって提示したという点である．その実験的手法はランダム化比較実験（Randomized Controlled Trial: RCT）とよばれ，元々は医薬品開発などの分野で使用されている手法である．RCT は，同じような条件のグループを無作為に 2 つ作り，片方のグループのみ何かの条件を変化させることで，その効果を計測する手法である．例えば，新分野においてビジネス開始を検討している同規模の起業家を 2 グループに分け，片方のみに新分野における起業手続きに関する研修を受けさせることで，本介入が新分野におけるビジネス開始確率に影響を与えるかを分析することが可能となる．また，DID 分析はこの RCT の一部にも含まれている場合が多い．

　バナジーたちの研究では，この手法を駆使して貧困削減に対してどの方法が有効であるかを示している．例えば，冒頭の問題に対する答えとして以下の 2 つの証拠を示すことで具体的な政策を提示している．1 点めに，成人に金銭的な援助をしても食習慣を変化させる効果は薄く，むしろ子どもや妊婦に直接的に食料援助する方が劇的な効果があることが確認された．2 点めに，昼食や教科書などを無償で提供して通学してもらうよりも，勉強が遅れている学生に対するサポート（補助教員）を増加させることで，より教育効果が見込めることが示された．

　このように，過去の現象や統計データを使用した実証分析から，自ら実験を行うことによって具体的な証拠を示し，政策立案に貢献する研究が普及し始めている．より自然科学の実験に近いかたちで行われるこの RCT であるが，どのように研究を進めていくかについては慎重な議論が必要となる．

(3)　リサーチデザインの重要性

　RCT を行う場合，経済学の理論とどのように関係しているかを考えることが重要となる．このことを理解するために，誘導型アプローチと構造推定アプローチについて説明する．

　誘導型アプローチとは，分析の主な対象となる説明したい変数（被説明変数）を，影響を与えそうな諸要因（説明変数）で回帰する方法である．構造推定アプローチとは，経済理論モデルに基づき，対象とするすべての変数間にどのような関係があるかを特定し，観察される統計データからパラメータを推定する．そして，政策介入が発生した場合，どのような効果があるかをシミュレーションする手法である．

　可処分所得と消費の例を考えてみる．一般的に可処分所得と消費は正の関係性にあるとされている．そのため，消費を可処分所得によって回帰した場合，正の係数（パラメータ）が得られるだろう．この考え方が誘導型アプローチである．しかし，人々は所得から税金が差し引かれ，その可処分所得から生活に必要な分だけの金額を計算し，残った分は貯金することになる．そのため，所得から消費までに関係するすべての変数間にどのような関係があるかを考慮することも必要となる．この考え方が，構造推定アプローチとなる．

　政策立案における構造推定の必要性が説かれたきっかけが，ロバート・ルーカスによる「ルーカス批判」である．ルーカス批判では，誘導型アプローチによって変数間の関係性が統計的に示されたとしても，政策介入によってその法則性も変化する可能性があるため，この結果を絶対的な前提として政策立案することは危険であるとしている．例えば，誘導型アプローチの分析結果のように，可処分所得の増加は消費の増加につながるかもしれないが，構造推定アプローチで示したように，給付金を現金配布しても，その多くは貯蓄にまわってしまうかもしれない．そのため，経済理論を背景にしたリサーチデザインが重要となる．一般的に，リサーチデザインにはテーマ，背景，リサーチクエスチョン（問い），仮説，研究手法が含まれる．

　重要な点は，RCT などの実験手法は，あくまでも分析手法の 1 つにすぎ
ないと理解することである．経済学においては，ある変数間に統計的な法則
性が見つかったとしても，その現象を説明するためには理論とのつながりが
重要となる．そのため，実証分析を行う際にはこの点を十分に考慮した上で
リサーチデザインを考える必要がある．

3.　ビッグデータと機械学習

(1)　ビッグデータの普及

　ビッグデータの普及によって，社会科学分野における実証分析研究は大き
く変化した．多くの定義が存在するが，ここではビッグデータとは「従来の
ソフトウェアではそのすべてを蓄積・処理・分析することが困難である規模
のデータ」とする．ここからは，経済と政治に関連して，どのような分野に
おいてビッグデータが普及してきたかについてみていく．

　ここでは，数値による統計データ，文字（テキスト）による統計データ，
そして位置情報による統計データを中心に具体的なビッグデータの有用性に
ついて考える．表 13-1 には，それぞれの特徴と具体例がまとめられている．

表 13-1　ビッグデータの分類の一例

ビッグデータの種類	特徴	具体例
数値による統計データ	主に行政や民間部門の業務データによって蓄積された統計データ	・購買行動に関するデータ（オンラインショッピングやクレジットカード） ・納税データ
文字（テキスト）による統計データ	主にメール，SNS，新聞などによって蓄積された統計データ	・検索ワード ・Twitter の投稿 ・新聞記事
位置情報による統計データ	主にスマートフォンや観測衛星によって蓄積された統計データ	・位置情報 ・移動情報 ・衛星写真（夜間光）

出典：経済セミナー編集部編（2020）「新版　進化する経済学の実証分析」を参考に筆者作成．

　数値データは，主に行政における手続きや，民間部門における取引から生じる業務データによって蓄積された統計データである．具体的には，オンラインショッピングにおける購買行動の履歴や，クレジットカードの決済情報，納税データなどがある．テキストデータは，主にオンライン上のメールなどの送受信履歴，SNS 上の投稿，新聞記事などが蓄積されたデータである．具体的には，検索ワード，Twitter の投稿，オンラインで購読可能な新聞記事の情報などがある．位置情報による統計データは，スマートフォンなどの GPS 機能や，観測衛星などによって蓄積されるデータである．具体的には，人々の位置情報，週末の人の移動に関する情報，夜間の光についての衛星写真などがある．

(2)　AI と機械学習

　従来，ビッグデータ自体は存在していたが，ビッグデータを処理できるソフトウェアやシステムが存在していなかったため，ビッグデータを使用した実証分析は現在ほど普及していなかった．しかし，人工知能（AI）による機械学習などの手法が開発されたことで，ビッグデータを使用した分析は広く一般的に行われるようになった．機械学習では，構造推定と同様に，複雑な変数間の関係性をコンピュータのプログラムに理解させ，社会現象の予測や判別をさせる．ここでは，機械学習によって行える基本的な分析内容について説明する．

　まず，予測と生成の違いについて確認する．予測とは，複雑な変数間の関係性を参考に，その関係性を導き出すために使用したデータとは異なる数値を当てはめたとき，何かしらの数量を当てることを意味する．例えば，動画サイトの視聴履歴からおすすめの動画を提示したり，週間天気を予測したりすることなどがあげられる．次に，生成とは，複雑な変数間の関係性を参考に，その関係性を導き出すために使用したデータと同様の数量を当てることを意味する．これは写真をイラストへ変換したり，自動翻訳に活用されたりしている技術である．予測には分類，回帰，そしてクラスタリングという応

用方法がある.

　分類とは，数値データなどを入力することで，その数値データ（ラベル〔label〕とよぶ）が何を意味しているかを判別させるプログラムである．例えば，ある写真や画像のデータを読み込ませ，「人の顔」が含まれているものと含まれていないものを分類させることなどである．これはカメラなどの顔認証に使用されている技術である．人の顔に関するラベルが存在し，顔認証を行うためのモデルが存在する場合，これを教師あり学習とよぶ．これらの技術を使用して，選挙における候補者の笑顔と当選率の関係などを分析している研究も存在する[4)]．

　回帰とは，一般的な回帰分析と同じ意味であるが，機械学習ではより複雑な回帰分析が行える．例えば，外出の有無，ワクチン接種の有無，会食の有無と感染症に感染する確率の関係性をビッグデータから導出し，その関係性を導出させることで，ワクチン接種率の上昇が感染率をどの程度低下させられるかを予測することができる．

　クラスタリングとは，その事象に関する全ての数値データが取得できずとも，現在入手可能な数値データの散らばり具合や特徴を参考にして，いくつかのまとまり（グループ）に分類する方法である．このように，参考にするモデルがない分析方法は教師なし学習とよばれる．例えば，Twitterなどの投稿からテキストデータを抽出し，ある候補者への投稿がどのような傾向にあるかを分析する研究などが存在する．ただ，SNSなどに投稿されたテキストデータは，Botなどのプログラムによって生成されたものもあるため，解釈に注意する必要がある．

(3)　証拠に基づく政策立案の重要性と統計整備

　証拠に基づく政策立案（EBPM）のためには，因果関係の特定と，この因果関係を参考に開発したモデルを使用した予測が必要となる．自然実験にしても，AIを活用した機械学習にしても，統計データが存在しないことには分析ができないのも事実である．そのため，どのように統計データを蓄積し，

EBPM に活用できるかは今後の大きな課題となる．なぜなら，リサーチデザインの重要性についてはすでに説明しているが，因果関係の特定にはデータ取得の段階からデザインが必要になるからである．

　ワクチン接種の有無と感染症に感染する確率の関係性を例にして，データ取得のデザインについて考えてみる．まず，感染者だけのデータを取得した場合，感染確率は 100% となってしまう．そのため，感染者と非感染者を対象にデータを取得する必要がある．また，質問項目では，主要な変数であるワクチン接種の有無と感染の有無に加えて，関連する要素を加える必要がある．例えば，ワクチンを接種した方が感染確率は低下するという結果が出たとしても，ワクチンを接種している人は外出も会食も控えているかもしれない．さらに，これ以外の要素として，過去に感染経験があり抗体を保有している可能性もある．このように，データが欠落した状況で開発されたモデルを採用した機械学習を行っても，政策立案に役立つかは疑問である．

　EBPM においては，国民の多くを対象としており，回収率も高い行政データをいかに活用するかが重要であるが，行政データの整備と公開には壁があるのが現状である．まず，省庁間の統計データはそれぞれの統計データをつなぎ合わせることでビッグデータとなるが，個票データについては統計法などにより利用が制限されているため，研究者が横断的に使用できないことが多い．この点で日本は海外に遅れをとっている状況である．EBPM を推進するためには，この行政データの活用が課題となる．

　最後に，優れたリサーチデザインによってデータ取得・因果関係の特定・機械学習による分析が行われたとしても，この分析結果は全ての事象に当てはまるとは限らない点に注意する必要がある．これを外的妥当性（External Validity）とよぶ．外的妥当性とは，ある特定の集団を対象とした結果が，他の集団にも当てはまるかどうかを指す．この当てはまりが良い場合は外的妥当性が高いという．ある特定の集団を対象とした結果が，同じ集団で再現できるかどうかは内的妥当性（Internal Validity）とよばれる．

　つまり，EBPM を推進させるためには，継続的にデータ取得・因果関係

の特定・機械学習による予測を進める必要がある.

　注
1)　詳細は文部科学省ホームページ「『早寝早起き朝ごはん』国民運動の推進について」を参照.
2)　詳細は長根（2015）を参照.
3)　政策評価のための実証分析において，内生性（Endogeneity）の問題を解決することも重要なテーマである．本書の参考文献にある，奥村（2018, 2020）や，森田（2014）など，多くの専門書で取り上げられている問題である.
4)　詳細は浅野（2016）を参照.

参考文献

日本語文献

會田剛史（2020）「RCT による開発経済学研究の来し方行く末」経済セミナー編集部
　　編『進化する経済学の実証分析』日本評論社，91-98 頁.

浅古泰史（2016）『政治の数理分析入門』木鐸社.

浅古泰史（2018）『ゲーム理論で考える政治学―フォーマルモデル入門』有斐閣.

浅野正彦（2016）「笑顔は選挙に影響するか？―選挙ポスターの「笑顔度」と選挙結
　　果の実証研究」『明日への選択』8 月号.

浅野正彦，矢内勇生（2013）『Stata による計量政治学』オーム社.

荒井祐介（2021）「政治の個人化と大統領制化」岩崎正洋編著，日本大学法学部政経
　　研究所企画『議会制民主主義の揺らぎ』勁草書房，21-38 頁.

飯島大邦（2013）「官僚制」川野辺裕幸，中村まづる編著『テキストブック公共選択』
　　勁草書房，155-181 頁.

飯田健（2010）「投票率の変化をもたらす要因―投票参加の時系列分析」『選挙研究』
　　第 25 巻第 2 号，107-118 頁.

飯田幸裕，大野裕之，寺崎克志（2010）『国際公共経済学（改訂版）―国際公共財の
　　理論と実際』創成社.

石塚勝美（2014）『［入門］国際公共政策―グローバル社会の貿易・貧困・環境・紛
　　争』創成社.

伊藤新（2016）「政府の政策に関する不確実性と経済活動」『RIETI Policy Discussion
　　Paper Series』16-J-016，1-30 頁.

伊藤新（2017）「わが国における政策の不確実性」『RIETI Policy Discussion Paper
　　Series』17-P-019，1-21 頁.

伊藤公一朗（2017）『データ分析の力―因果関に迫る思考法』光文社新書.

伊藤穣（2013）「国際的合意形成：国際組織に関するものを中心に」川野辺裕幸，中
　　村まづる編著『テキストブック公共選択』勁草書房，216-243 頁.

井堀利宏（2017）『コンパクト経済学（第 2 版）』新世社.

井堀利宏（2019）『入門ミクロ経済学（第 3 版）』新世社.

岩崎正洋（2015）『比較政治学入門』勁草書房.

岩崎正洋（2021）「議会制民主主義の揺らぎ」岩崎正洋編著『議会制民主主義の揺ら
　　ぎ』勁草書房，1-20 頁.

浦田秀次郎，小川英治，澤田康幸（2010）『はじめて学ぶ国際経済』有斐閣アルマ.

江崎貴裕（2020）『データ分析のための数理モデル入門―本質をとらえた分析のため
　　に』ソシム株式会社.

岡田章（2020）『国際関係から学ぶゲーム理論』有斐閣.

岡田浩（1998）「政党差異認知の投票参加に及ぼす影響」『選挙研究』第 13 巻，60-65 頁.

奥井克美（2013）「温暖化対策と環境規制」川野辺裕幸，中村まづる編著『テキストブック公共選択』勁草書房，244-258 頁.

奥井克美（2015）『経済体制の公共選択分析』日本評論社.

奥村綱雄（2018）『部分識別入門―計量経済学の革新的アプローチ』日本評論社.

奥村綱雄（2020）「識別とは何か」経済セミナー編集部編著『進化する経済学の実証分析』日本評論社，69-74 頁.

加藤寛，丸尾直美（2005）「公共選択学派の登場」加藤寛編著『入門公共選択―政治の経済学』勁草書房，5-26 頁.

川野辺裕幸（2013）「規範理論と実証理論」川野辺裕幸，中村まづる編著『テキストブック公共選択』勁草書房，340-360 頁.

神取道宏（2014）『ミクロ経済学の力』日本評論社.

神取道宏（2018）『ミクロ経済学の技』日本評論社.

北村行伸（2020）「応用ミクロ計量経済学の手法と論点」経済セミナー編集部編著『進化する経済学の実証分析』日本評論社，43-53 頁.

黒川和美（2005）「レントシーキング社会は進行する―たかり社会のゼロサムゲームからマイナスサムゲームへ」加藤寛編著『入門公共選択―政治の経済学』勁草書房，265-292 頁.

黒川和美（2013）「官僚行動の公共選択分析」勁草書房.

黒阪健吾（2018）「地域間賃金格差と投票率」『地域経済経営ネットワーク研究センター年報』第 7 号，80-83 頁.

経済産業省（2019）『通商白書 2019』経済産業省.

経済産業省（2020）『通商白書 2020』経済産業省.

国際協力機構（2004）『JICA におけるガバナンス支援―民主的な制度づくり、行政能力の向上、法整備支援』独立行政法人国際協力機構.

小寺彰（2000）『WTO 体制の法構造』東京大学出版会.

小西健太，村田忠彦，名取良太（2010）「投票率上昇と投票所数削減のための投票シミュレーション」『知能と情報』第 22 巻第 2 号，203-210 頁.

小西砂千夫（2013）「財政赤字・税制改革と公共選択」川野辺裕幸，中村まづる編著『テキストブック公共選択』勁草書房，7-25 頁.

小西秀樹（2009）『公共選択の経済分析』東京大学出版会.

小林良彰（1988）『公共選択』東京大学出版会.

坂井豊貴（2013）『社会的選択理論への招待』日本評論社.

榊原胖夫，加藤一誠（2011）『アメリカ経済の歩み』文眞堂.

佐藤卓己（2008）『輿論と世論―日本的民意の系譜学』新潮社.

澤田康幸（2020）「経済学における実証分析の進化」経済セミナー編集部編著『進化

する経済学の実証分析』日本評論社，28-42 頁．

塩沢健一（2009）「「民意」は一通りではない―米軍岩国基地問題と住民投票・市長選挙―」『年報政治学』第 60 巻第 2 号，203-224 頁．

関谷登（2005）「公共選択論とはなにか」加藤寛編著『入門公共選択―政治の経済学』勁草書房，27-44 頁．

高木英行（2014）「使える！ 統計検定・機械学習－Ⅱ－3 群以上の場合の有意差検定」『システム制御情報学会誌』第 58 巻 10 号，432-438 頁．

田中拓道，近藤正基，矢内勇生，上川龍之進（2020）『政治経済学―グローバル化時代の国家と市場』有斐閣ストゥディア．

谷藤悦史（2010）「世論観の変遷―民主主義理論との関連で」『マスコミュニケーション研究』通号 77，3-19 頁．

田村哲樹，松元雅和，乙部延剛，山崎望（2017）『ここから始める政治理論』有斐閣ストゥディア．

寺本博美（2005）「官僚は"召使い"にならない」加藤寛編著『入門公共選択―政治の経済学』勁草書房，197-230 頁．

永田靖，吉田道弘（1997）『統計的多重比較法の基礎』サイエンティスト社．

中嶋亮（2020）「「誘導型推定」v.s.「構造推定」」経済セミナー編集部編著『進化する経済学の実証分析』日本評論社，75-85 頁．

長根光男（2015）「睡眠パターンと学業成績や心身状態は関連するか―夜間睡眠の質と量，日中の眠気と短時間睡眠の活用」『千葉大学教育学部研究紀要』第 63 巻，375-379 頁．

中村まづる（2013a）「直接民主主義―公共選択論の方法論」川野辺裕幸，中村まづる編著『テキストブック公共選択』勁草書房，283-301 頁．

中村まづる（2013b）「代議制民主主義―政府活動の分析」川野辺裕幸，中村まづる編著『テキストブック公共選択』勁草書房，302-325 頁．

西田亮介（2018）「「イメージ政治」からみえるもの―立命館大学×毎日新聞社のネット選挙調査から」吉田徹編著『民意の測り方―「世論調査×民主主義」を考える』法律文化社，105-121 頁．

羽田翔（2020）「非関税措置と国際貿易の関係―実証分析に関する一考察」『日本国際情報学会誌 Kokusai-Joho』第 5 号，15-23 頁．

樋口裕城（2020）「開発経済学における計量的アプローチと実験的アプローチ」経済セミナー編集部編著『進化する経済学の実証分析』日本評論社，86-90 頁．

藤本訓利，陸亦群，前野高章（2020）『ミクロ・マクロ経済理論入門』文眞堂．

細野助博（2005）「政治家，有権者そして選挙」加藤寛編著『入門公共選択　政治の経済学』勁草書房，155-196 頁．

前田幸男（2014）「「民意」の語られ方」『年報政治学』第 65 巻第 1 号，12-36 頁．

松林哲也（2016）「投票環境と投票率」『選挙研究』第 32 巻第 1 号，47-60 頁．

松林哲也（2021）『政治学と因果推論』岩波書店．

光延忠彦（2018）「国政選挙における投票率と投票所数との関係」『人文公共学研究論集』第 36 号，237-246 頁．

三宅一郎（1989）『投票行動』東京大学出版会．

三宅一郎（1993）「投票義務感—行動科学と公共選択の間」『公共選択の研究』1993巻第 21 号，1-3 頁．

宮下量久（2013）「政権選択と公共選択論」川野辺裕幸，中村まづる編著『テキストブック公共選択』勁草書房，182-200 頁．

宮田由紀夫，玉井敬人（2018）『アメリカ経済入門（第 2 版）』晃洋書房．

三輪洋文（2018）「「感情温度」表すもの—東京大学×朝日新聞社の世論調査から」吉田徹編著『民意の測り方—「世論調査×民主主義」を考える』法律文化社，83-104 頁．

森田果（2014）『実証分析入門』日本評論社．

安井翔太著，株式会社ホクソエム監修（2020）『効果検証入門—正しい比較のための因果推論／計量経済学の基礎』技術評論社．

横山彰（2005a）「大きな政府—政府はなぜ大きくなるのか」加藤寛編著『入門公共選択—政治の経済学』勁草書房，115-152 頁．

横山彰（2005b）「マクロ経済政策の政治的要因」加藤寛編著『入門公共選択—政治の経済学』勁草書房，293-328 頁．

吉田徹（2018a）「〈民意〉とは何か」吉田徹編著『民意の測り方—「世論調査×民主主義」を考える』法律文化社，1-22 頁．

吉田徹（2018b）「「感覚マップ」から浮かび上がるもの—北海道大学×北海道新聞社の世論調査から」吉田徹編著『民意の測り方—「世論調査×民主主義」を考える』法律文化社、122-137 頁．

陸亦群・前野高章・安田知絵・羽田翔（2020）『現代開発経済入門』文眞堂．

和田淳一郎（2013）「選挙制度と投票行動」川野辺裕幸，中村まづる編著『テキストブック公共選択』勁草書房，139-154 頁．

亙英太郎（2011）「メディアの世論調査に基づく「内閣支持率報道」の問題点」『奈良産業大学地域公共学総合研究所年報』2011-3，105-103 頁．

英語文献

Angrist, D. J. and Pischke, J.-S. (2008). *Mostly Harmless Econometrics: An Empiricist's Companion.* Princeton Univ Press.（ヨシュア・アングリスト，ヨーン・シュテファン・ピスケ著，大森義明，田中隆一，野口晴子，小原美紀共訳（2013）『ほとんど無害な計量経済学』NTT 出版）

Arrow, J. K. (2012). *Social Choice and Individual Values, Third edition.* John Wiley.（ケネス・J. アロー著，長名寛明訳（2013）『社会的選択と個人的評価（第 3 版）』勁草書房）

Bagwell, K. and Staiger, R. (1996). Reciprocal Trade Liberalization. *NBER Working*

Paper Series, No5488, pp. 1-50.

Banerjee, A. and Duflo, E. (2012) *Poor Economics: A Radical Rethinking of the Way to Fight Global Poverty*, PublicAffairs.

Bhagwati, J. and Krueger, A. O. (1995). U.S.Trade Policy: The Infatuation with Free Trade Areas. *Discussion paper series (Columbia University, Department of Economics)*, No.726, pp. 1-20.

Bowen, W. G., Davis, R. G. and Kopf, D. H. (1960). The Public Debt: A Burden on Future Generation?. *American Economic Review*, 50 (4), pp.701-706.

Buchanan, J. M. and Tullock, G. (1962). *The Calculus of Consent: Logical Foundation of Constitutional Democracy*. University of Michigan Press.

Dahl, A. R. (2000). *On Democracy*. Yale University Press. (ロバート・A. ダール著, 中村孝文訳 (2001)『デモクラシーとは何か』岩波書店)

Dahlberg, M. and Johansson, E. (2002). On the vote purchasing behavior of incumbent governments, *The American Political Science Review*, 96 (1), pp. 27-40.

Dahlberg, M., Edmark, K. and Lundqvist, H. (2012). Ethnic Diversity and Preferences for Redistribution, *Journal of Political Economy*, 120 (1), pp. 41-76.

Dixit, A. and Londregan, J. (1996). The determinants of success of special interests in redistributive politics, *The Journal of Politics*, 58, pp. 1132-1155.

Downs, A. (1957). *An Economic Theory of Democracy*. Harper & Brothers. (アンソニー・ダウンズ著, 古田精司監訳 (1980)『民主主義の経済理論』成文堂)

Duflo, E., Glennerster, R. and Kremer, M. (2007). Chapter 61 Using Randomization in Development Economics Research: A Toolkit, *Handbook of Development Economics*, 4 (2007), pp. 3895-3962. (エステル・デュフロ, レイチェル・グレナス, マイケル・クレーマー著, 小林庸平監修・翻訳, 石川貴之, 井上領介, 名取淳訳 (2019)『政策評価のための因果関係の見つけ方—ランダム化比較試験入門』日本評論社)

Dunleavy, P. (1991). *Democracy, Bureaucracy and Public Choice: Economic Approaches in Political Science*. Routledge.

Fiorina, M. P. (1981). *Retrospective Voting in American National Elections*. Yale University Press.

Gerber, E. R. and Lewis, J. B. (2004). Beyond the Median: Voter Preferences, District Heterogeneity, and Political Representation. *Journal of Political Economy*, 112 (6), pp. 1364-1383.

Grossman, G. M. and Helpman, E. (1994). Protection for Sale. *The American Economic Review*, 84 (4), pp. 833-850.

Haneda, S. (2021). The Political Economy of Policy Changes during the COVID-19 pandemics. *Hougakukiyo*, No.62, pp. 237-253.

Helpman, E. Melitz, M. J. and Yeaple S. R. (2004). Export Versus FDI with Heteroge-

192

neous Firms. *American Economic Review*, 94 (1), pp. 300–316.

Herghelegiu, C. (2018). The political economy of non-tariff measures. *The World Economy*, 41 (1), pp. 262–286.

Holcombe, R.G. (2016) *Advanced Introduction to Public Choice*, Edward Elgar Publishing.

Krugman, P. and Wells, R. (2017). *Macroeconomics, Fifth edition*. Worth Publishers. (ポール・クルーグマン，ロビン・ウェルス著，大山道弘，石橋考次，塩澤修平，白井義昌，大東一郎，玉田康成，蓬田守弘共訳（2019)『クルーグマンマクロ経済学（第2版)』東洋経済新報社)

Lindbeck, A. and Weibull, J. W. (1987). Balanced-budget redistribution as the outcome of political competition, *Public Choice*, 52, pp. 273–97.

Lippmann, W. (1922). *Public Opinion*. Harcourt, Brace & Co. (ウォルター・リップマン著，掛川トミ子訳（1993)『世論（上)』岩波文庫)

Lührman, A., Tannenberg, M. and Lindberg, S. I. (2018). Regimes of the World (RoW): Opening New Avenues for the Comparative Study of Political Regimes. *Politics and Governance*, 6 (1), pp. 60–77.

Maggi, G. and Rodriguez-Clare, A. (1998). The Value of Trade Agreements in the Presence of Political Pressures. Journal of Political Economy, 106 (3), pp. 574–601.

Melitz, M. J. (2003). The Impact of Trade on Intra-Industry Reallocations and Aggregate Industry Productivity. *Econometrica*, 71 (6), pp. 1695–1725.

Mitra, D. (1999). Endogenous Lobby Formation and Endogenous Protection: A Long-Run Model of Trade Policy Determination. *American Economic Review*, 89 (5), pp. 1116–1134.

Navaretti, G. B., Felice, G., Forlani, E. and Garella, P. (2018). Non-tariff measures and competitiveness. *Development Studies Working Papers*, No.438, pp. 1–39.

Niskanen, W. (1971). Bureaucracy and Representative Government. Aldine-Atherton.

Nye, Joseph S. (1967) Corruption and Political Development: A Cost-benefit Analysis. *American Political Science Review*, 61 (2), pp. 417–27.

Offe, C. (2004) Political Corruption: Conceptual and Practical Issues, In: J. Kornai and S. Rose-Ackerman (eds), *Building a Trustworthy State in Post-Socialist Transition*, Palgrave Macmillan: New York, pp. 77–99.

Pearl, J., Glymour, M. and Jewell, P. N. (2016). *Causal Inference in Statistics: A Primer*. Willey. 落海浩訳（2019)『[入門] 統計的因果推論』朝倉書店.

Persson, T. and Tabellini, G. (2000). *Political economics. Explaining economic policy*. MIT Press.

Persson, T., Roland, G. and Tabellini, G. (2007). Electoral Rules and Government Spending in Parliamentary Democracies. *Quarterly Journal of Political Science*, xx, pp. 1–34.

Riker, W. H. and Ordeschook, P. C. (1968). A Theory of the Calculus of Voting. *American Economic Review*, 62 (1), pp.25-28.

Rodrik, D. (2017). *Straight Talk on Trade: Ideas for a Sane World Economy*. Princeton University Press. (ダニ・ロドリック著, 岩本正明訳 (2019)『貿易戦争の政治経済学―資本主義を再構築する』白水社)

Rohde, D.W. (1991). *Parties and Leaders in the Postreform House*. The University of Chicago Press.

Romann E. (2020). *Nonmarket Strategy in Japan*. Palgrave Macmillan.

Schäfer, F., Evert, S. and Heinrich, P. (2017). Japan's 2014 General Election: Political Bots, Right-Wing Internet Activism, and Prime Minister Shinzo Abe's Hidden Nationalist Agenda, *Big Data*, 5 (4), pp. 294-309.

Schumpeter, J. (1942). *Capitalism, Socialism and Democracy*. Harper & Brothers. (ヨーゼフ・シュンペーター著, 中山伊知郎・東畑精一訳 (1995)『資本主義・社会主義・民主主義』東洋経済新報社)

Smith, A. (1776). *The Wealth of Nations*. W. Strahan and T. Cadell, London. (アダム・スミス著, 高哲男訳 (2020)『国富論（上・下）』講談社)

Stratmann, T. (1995). Campaign Contributions and Congressional Voting: Does the Timing of Contributions Matter? *The Review of Economics and Statistics*, 77 (1), pp. 127-136.

Tsebelis, G. (2002). *Veto Players: How Political Institutions Work*. Princeton University Press. (ジョージ・ツェベリス著, 眞柄秀子, 井戸正伸訳 (2009)『拒否権プレイヤー政治制度はいかに作動するか』早稲田大学出版部)

UNCTAD (2018). UNCTAD TRAINS: The Global Database on Non-Tariff Measures User Guide (Version 2). *UNCTAD/DITC/TAB/2017/3*, pp. 1-40.

UNCTAD and the World Bank (2018). *The Unseen Impact of Non-Tariff Measures: Insights from a new database*. UNCTAD and the World Bank.

Vosoughi, S., Roy, D. and Aral, S. (2018). The Spread of True and False News Online. *Science*, 359 (6380), pp. 1146-1151.

Wittman, D. (1983). Candidate Motivation: A Synthesis of Alternative Theories. *The American Political Science Review*, 77 (1), pp. 142-157.

Wooldridge, J. M. (2009). *Introductory Econometrics; A Modern Approach*. South-Western.

Wooldridge, J. M. (2010). *Econometric Analysis of Cross Section and Panel Data, Second revisited edition*. The MIT Press

World Bank (2000). *Global Development Finance*. World Bank.

World Bank (2001). *Global Development Finance*. World Bank.

主要ウェブサイト

ABC テレビ・JX 通信社世論調査（最終閲覧日：2020 年 11 月 5 日　https://www.asahi.co.jp/abc-jx-tokoso/）.

NHK 選挙 Web「各党の公約 2019」（最終閲覧日：2022 年 3 月 28 日　https://www.nhk.or.jp/senkyo/database/kouyaku/2019/seisaku/）.

NHK 選挙 Web「各党の公約 2021」（最終閲覧日：2022 年 3 月 28 日　https://www.nhk.or.jp/senkyo/database/shugiin/2021/pledge/）.

外務省ホームページ「気候変動に関する国際枠組み」（最終閲覧日：2022 年 3 月 28 日　https://www.mofa.go.jp/mofaj/ic/ch/page22_003283.html）.

環境省ホームページ「地球温暖化対策推進法と地球温暖化対策計画」（最終閲覧日：2022 年 3 月 28 日　http://www.env.go.jp/earth/ondanka/domestic.html）.

経済産業省ホームページ「我が国の経済連携協定（EPA ／ FTA）等の取組」（最終閲覧日：2022 年 3 月 28 日　https://www.mofa.go.jp/mofaj/gaiko/fta/index.html）.

公正取引委員会ホームページ「独占禁止法の概要」（最終閲覧日：2022 年 3 月 28 日　https://www.jftc.go.jp/dk/dkgaiyo/gaiyo.html）.

財務省ホームページ「国債とは」（最終閲覧日：2022 年 3 月 28 日　https://www.mof.go.jp/jgbs/summary/kokusai.html）.

衆議院ホームページ「会派名及び会派別所属議員数」（最終閲覧日：2022 年 6 月 13 日　https://www.shugiin.go.jp/internet/itdb_annai.nsf/html/statics/shiryo/kaiha_m.htm）.

参議院ホームページ「会派別所属議員数一覧」（最終閲覧日：2022 年 6 月 13 日　https://www.sangiin.go.jp/japanese/joho1/kousei/giin/208/giinsu.htm）.

総務省ホームページ「選挙権と被選挙権」（最終閲覧日：2022 年 3 月 28 日　https://www.soumu.go.jp/senkyo/senkyo_s/naruhodo/naruhodo02.html）.

総務省ホームページ「選挙の種類」（最終閲覧日：2022 年 3 月 28 日　https://www.soumu.go.jp/senkyo/senkyo_s/naruhodo/naruhodo03.html）.

総務省ホームページ「投票制度」（最終閲覧日：2022 年 3 月 28 日　https://www.soumu.go.jp/senkyo/senkyo_s/naruhodo/naruhodo05.html）.

東京大学社会科学研究所附属社会調査データアーカイブ研究センターホームページ（最終閲覧日：2022 年 3 月 28 日　https://csrda.iss.u-tokyo.ac.jp/）.

文部科学省ホームページ「「早寝早起き朝ごはん」国民運動の推進について」（最終閲覧日：2022 年 3 月 28 日　https://www.mext.go.jp/a_menu/shougai/asagohan/）.

統計データ

Economic Policy Uncertainty, Policy Uncertainty in Japan by Elif C. Arbatli, Steven J. Davis, Arata Ito, Naoko Miake, and Ikuo Saito（最終閲覧日：2021 年 8 月 10 日　http://www.policyuncertainty.com/japan_monthly.html）.

REAL POLITICS JAPAN（最終閲覧日：2022 年 3 月 10 日 https://www.realpolitics.
　　jp/）.

UNCTAD TRAINS Database（最終閲覧日：2022 年 3 月 10 日　 https://trains.unctad.
　　org/Forms/Analysis.aspx）.

World Bank, World Development Indicators（最終閲覧日：2022 年 3 月 10 日　 https://
　　datacatalog.worldbank.org/dataset/world-development-indicators）.

おわりに

　本書が数ある政治経済学の類書の中で貢献できるとすれば，政治と経済の
つながりについて，理論的・実証的に学ぶ意義を提供した点にあろう．ミク
ロ経済学やマクロ経済学，そして公共選択論の講義を担当したことが本書の
1つの軸となった．「政治的アクターの行動を経済学的に分析する」ことは，
経済学という立場から考えると，重要ではあるが主な研究対象とはなりえて
いない傾向にあった．また，政治学を学ぶ学生などからは，数理的なモデル
や，統計データを使用した実証分析により政治的アクターの行動を分析する
ことに違和感を感じるとの声もあった．そのため，政治と経済のつながりを
経済学的に，言い換えれば実証的に学ぶ意義を改めて伝える必要があると痛
感した．これらの内容を私なりに咀嚼し，「政治と経済はどうつながってい
るのか」という疑問に答える形式でまとめたものが本書である．

　本書の骨格は，経済学や政治学を専門分野とする先生方や，政治と経済の
つながりに興味をもつ日本大学法学部政治経済学科に所属する学生との交流
の中で徐々にかたまった．また，政治経済学に関する教科書は，すでに数多
くのすぐれた本が出版されている．本書の執筆にあたり，それらの類書に目
を通し，多くのことを学ばせていただいた．さらに，公共経済学，公共選択
論，公共政策論に関する教科書や研究書についても同様であり，本書は数多
くの研究者の研究成果や，学生との交流の上に成り立っている．この場を借
りて，政治経済学や関連するすべての分野を研究対象とする研究者および学
生諸君に敬意と感謝を表したい．

　本書の執筆にあたっては，多くの方々の協力と貴重な助言を得た．特に，
本教科書シリーズの企画者である岩崎正洋先生（日本大学法学部教授）には，
本書を執筆する機会をいただき，執筆の段階でもさまざまな場面でご指導を

いただいた．ここで心から御礼を申し上げたい．また，本教科書シリーズを
ご執筆されている先生方にも，企画打ち合わせの段階から有益なコメントを
いただき，皆様からのこれまでのご厚意に感謝申し上げる．推敲の段階では，
竹本亨先生（日本大学法学部教授），浅井直哉先生（日本大学法学部専任講
師），井尻直彦先生（日本大学経済学部教授），安田知絵先生（日本大学生産
工学部専任講師）から多くの有益なご指摘をいただいた．この場を借りて，
感謝申し上げる．

　日本経済評論社の清達二氏，梶原千恵氏には，本書の執筆にあたり，遅々
として進まない著者に対して，温かく執筆を見守っていただいた．ここで，
お詫びとともに，感謝をお伝えしたい．

　最後に，大学教員という仕事を理解してサポートを続けてくれた家族・親
族に心から感謝を伝えるとともに，本書を捧げたい．

2022 年 9 月

羽田　　翔

索　引

著者紹介

羽田　翔（はねだ　しょう）

日本大学法学部准教授．1985 年生まれ．日本大学大学院総合社会情報研究科博士課程修了．博士（総合社会文化）．日本大学経済学部助手，世界銀行短期エコノミストなどを経て，2021 年 10 月より現職．
専攻：公共選択論，国際政治経済．
著書に，『現代開発経済入門』（共著，文眞堂，2020 年）．主要論文に，"The Political Economy of Policy Changes during the COVID-19 pandemics"『法学紀要』（日本大学法学部）第 62 巻，2021 年 3 月，"The Impact of the Madrid Protocol on International Trademark Transfers"『研究論文』（日本貿易学会）第 7 号，2018 年 5 月など．

政治と経済はどうつながっているのか
政治経済学の基礎　　　　　　　［シリーズ政治の現在］

2022 年 10 月 20 日　第 1 刷発行

定価（本体 3000 円＋税）

著　者　羽　田　　　翔

発行者　柿　﨑　　　均

発行所　株式会社　日本経済評論社

〒101-0062 東京都千代田区神田駿河台 1-7-7
電話 03-5577-7286／FAX 03-5577-2803
E-mail: info8188@nikkeihyo.co.jp

装丁・渡辺美知子　　　　　　　藤原印刷／根本製本

落丁本・乱丁本はお取替いたします　　　Printed in Japan
Ⓒ HANEDA Sho 2022

ISBN 978-4-8188-2618-2　C1331

[シリーズ政治の現在]

自治のどこに問題があるのか：実学の地方自治論

野田遊　本体 3000 円

変化する世界をどうとらえるか：国際関係論で読み解く

杉浦功一　本体 3000 円

公共の利益とは何か：公と私をつなぐ政治学

松元雅和　本体 3000 円

戦争と民主主義の国際政治学

宮脇昇　本体 3000 円

自由を考える：西洋政治思想史

杉本竜也　本体 3000 円

政治と経済はどうつながっているのか：政治経済学の基礎

羽田翔　本体 3000 円

〈以下続刊〉

日本経済評論社